COLLECTION DES PRINCIPAUX OUVRAGES PÉDAGOGIQUES
FRANÇAIS ET ÉTRANGERS

MICHEL DE MONTAIGNE

DE

L'INSTITUTION

DES ENFANTS

(Essais, liv. I, chap. xxv)

ET

EXTRAITS PÉDAGOGIQUES

PUBLIÉS AVEC UNE NOTICE, UNE ANALYSE ET DES NOTES

PAR

G. COMPAYRÉ

DEUXIÈME ÉDITION

PARIS

LIBRAIRIE HACHETTE ET Cie

79, BOULEVARD SAINT-GERMAIN, 79

MICHEL DE MONTAIGNE

DE

L'INSTITUTION

DES ENFANTS

MICHEL DE MONTAIGNE

DE

L'INSTITUTION

DES ENFANTS

(Essais, liv. I, chap. xxv)

ET

EXTRAITS PÉDAGOGIQUES

PUBLIÉS AVEC UNE NOTICE, UNE ANALYSE ET DES NOTES

PAR

G. COMPAYRE

DEUXIÈME ÉDITION

PARIS

LIBRAIRIE HACHETTE ET Cⁱᵉ

79, BOULEVARD SAINT-GERMAIN, 79

1905

INTRODUCTION

—

LA PÉDAGOGIE DE MONTAIGNE

—

I

LE MOUVEMENT PÉDAGOGIQUE DU SEIZIÈME SIÈCLE.

La pédagogie moderne commence véritablement avec le seizième siècle : à peine préparée jusque-là par quelques essais plus méritoires que féconds, elle a pris son essor avec les lettrés, avec les érudits de la Renaissance. Aucun siècle peut-être n'a été plus riche que celui-là en œuvres scolaires. Il suffirait pour s'en convaincre de jeter les yeux sur le *Répertoire des ouvrages pédagogiques du seizième siècle*, publié en 1886 dans la collection des *Mémoires et documents* du Musée pédagogique. Dans ce gros volume in-8°, où l'on a patiemment catalogué les livres d'éducation que possèdent nos bibliothèques de France, nous trouvons les preuves irrécusables du prodigieux travail des hommes de la Renaissance, et le relevé, pourtant incomplet encore, de leurs innombrables écrits à l'adresse de la jeunesse. Ce sont d'abord des grammaires, des dictionnaires, des éditions d'auteurs grecs et latins, des traductions, des traités de rhétorique, des manuels de littérature : ce sont aussi des livres d'histoire, de géographie, des œuvres de morale, tantôt sous forme de catéchismes, tantôt sous forme de dialogues, de fables et de proverbes; des livres d'arithmétique, de géométrie, de cosmographie, et même, quoique en moins grand nombre, d'histoire naturelle et de physique; ce sont enfin, après les livres de classe proprement dits, des centaines de traités d'éducation générale. « Beaucoup de personnes, même instruites, dit avec raison M. Buisson dans le *Rapport au Ministre* qui sert de préambule au *Répertoire*, ne savent pas bien ce qu'a été, dès les premières heures de la Renaissance dans notre pays, le mouvement scolaire, contre-coup immédiat du mouvement littéraire. Nos humanistes n'ont pas été des délicats égoïstes et dédaigneux : leur premier mouvement au contraire est d'appeler à la lumière les jeunes générations. Chacun d'eux, tour à tour, tout ensemble, est étudiant et professeur, également ardent, également enthousiaste dans l'un et dans l'autre rôle. Tous brûlent d'apprendre et tous d'enseigner. La Renaissance des lettres est du même coup celle des écoles. Il n'y a pas, dans l'histoire, de plus beau spectacle : jamais l'esprit humain ne mit plus de candeur et n'éprouva plus de joie à faire la découverte de son bon droit, à se sentir capable de connaître le vrai, d'admirer le beau, de vouloir le bien; jamais il ne crut plus facile, plus simple, plus naturel de transmettre par l'enseignement le savoir, la science, l'art, tout le patrimoine de l'humanité. »

Le mouvement de la Renaissance n'est donc pas seulement un réveil de l'esprit littéraire : il a été avec Érasme, avec Rabelais, avec Montaigne, avec d'autres encore, un effort tenté pour réformer l'éducation; pour y introduire des principes nouveaux, et par-dessus tout l'idée de la nature humaine, trouvant dans son propre fonds, dans les œuvres de son génie, les moyens de s'instruire et de s'élever. Et cet effort n'a pas abouti seulement à quelques aperçus théoriques, perdus dans les *Essais* de Montaigne ou dans le *Gargantua* de Rabelais : il s'est manifesté pratiquement dans les faits, dans des institutions réelles, comme le collège de Strasbourg dirigé par le célèbre Sturm (1557-1589), comme le collège de France, fondé en 1530; il s'est manifesté aussi dans l'enseignement de Claude Baduel, à Nîmes, de Mathurin Cordier, à Bordeaux.

Mais cette reprise de l'humanité par elle-même, ce retour marqué vers la nature et vers l'art antique, cette idée d'un développement tout humain, naturel et normal, par la raison et par la liberté, cet essor admirable d'esprit qui faisait dire à Étienne Dolet, en 1530 : « Les lettres sont maintenant en honneur plus qu'elles n'ont jamais été; l'étude de tous les arts est florissante »; tout cela ne dura pas. Et à la fin du siècle, Étienne Pasquier pouvait s'écrier avec amertume : « Je vois bien quelques flammèches, mais non cette splendeur d'études qui reluisait pendant ma jeunesse ». Pourquoi cela n'avait-il pas duré? Parce que les querelles religieuses avaient repris le premier rang dans les préoccupations des hommes : parce qu'à une éducation libérale, éclose sous le souffle de la Grèce et de Rome, s'était substituée de nouveau, durant la seconde moitié du seizième siècle, et dans l'ardeur des querelles théologiques, soit l'éducation protestante, soit l'éducation catholique : de toute manière, quoique avec des tendances très diverses, une éducation ecclésiastique et confessionnelle. N'oublions pas en effet que quelques-uns des héros de l'éducation humaine, naturelle et rationnelle, conçue dans les premières années de la Renaissance, en ont été aussi les martyrs, que la Renaissance n'a pas été dans ses débuts la réapparition triomphante et heureuse, dans la paix des consciences et dans l'accueil aisé d'une sympathie immédiatement acquise, des traditions de l'antiquité. Tout au contraire, elle a été une lutte, un combat pied à pied contre la routine et les préjugés du moyen âge; un ensemencement laborieux, à travers la tempête, de germes féconds que l'Inquisition, la compagnie de Jésus, l'ardeur sectaire des réformateurs protestants, ont étouffés pour un temps, et qui n'ont définitivement fructifié qu'aux dix-huitième et dix-neuvième siècles. Étienne Dolet mourait sur un bûcher de la place Maubert, dix ans après qu'il avait salué, dans ses *Commentaires de la langue latine,* la fin de la barbarie; Ramus était assassiné dans la nuit de la Saint-Barthélemy, moins pour avoir adhéré au protestantisme, que pour avoir battu en brèche pendant toute sa vie la vieille citadelle scolastique, et pour avoir mérité le nom de *parricide* par ses attaques contre Aristote, le père de toute science.

Du moins la victoire de l'esprit religieux, à raison de la rivalité créée par l'antagonisme de l'orthodoxie catholique et de la Réforme protestante, eut nécessairement pour conséquence un progrès relatif des études et de la pédagogie. D'une part la Réforme introduisait dans la religion le principe de la recherche personnelle, du libre examen, de la lecture directe des livres saints; elle s'engageait par suite à développer l'instruction, à répandre partout la lumière, chez l'artisan, chez l'ouvrier, autant que chez le noble ou le bourgeois. De là les efforts de Luther pour multiplier les écoles populaires ouvertes à tous (1528), et aussi la déclaration des états généraux d'Orléans

(1560) en faveur de l'éducation du peuple dans « toutes villes
et villages ». D'autre part le succès de la Réforme elle-même et
aussi l'éclat de la Renaissance profane provoquèrent de nouveaux efforts de la part du catholicisme, qui essaya, non sans
succès, de dominer à son profit et de diriger à sa guise le
mouvement si nouveau des esprits vers les études littéraires ;
de là, vers le milieu du seizième siècle, la fondation de la
compagnie de Jésus, dont le but principal était de s'emparer
de l'éducation de la jeunesse, et d'accaparer les lettres pro-
fanes elles-mêmes, pour les employer au maintien et à la pro-
pagation de la foi catholique. Le dix-septième siècle, dans son
ensemble, n'a été que le développement et le triomphe de cette
tactique pieuse, imaginée par les disciples de Loyola.

II

MONTAIGNE PÉDAGOGUE.

Il était nécessaire, avant d'aborder l'étude de Montaigne, de
jeter un coup d'œil général sur le mouvement pédagogique du
seizième siècle, afin de placer notre auteur dans son cadre
naturel. Montaigne a participé, sans ivresse, à l'enthousiasme
pour l'antiquité, qui est un des signes distinctifs de son temps :
il s'est nourri de la lecture des Grecs et des Latins, surtout
des Latins, dont il possédait mieux la langue. Il a été, comme
tant d'autres de ses contemporains, un libre-esprit, reniant
toutes les choses « qui n'ont appuy qu'en la barbe chenüe
et rides de l'usage, rapportant tout à la verité et à la raison ».
Comme Rabelais, il a pris la nature pour guide : « Nous ne
saurions faillir à suivre la nature : le souverain precepte,
c'est de se conformer à elle. »

Mais si Montaigne est de son temps par ses goûts littéraires
et par l'indépendance de sa pensée, il n'en a pas moins sa
physionomie propre, ses allures personnelles, et un caractère
original, par où il se distingue profondément et se met à part
dans le courant général des sentiments et des passions de
son siècle. Il n'a point trempé dans les ardeurs intolérantes
d'où sont sorties les guerres de religion. Il est vrai qu'il
est resté fidèle à la religion catholique de sa famille, et
qu'il a servi plusieurs fois, comme volontaire, dans les rangs

de l'armée royale contre les troupes huguenotes. Mais il ne s'en est pas moins tenu à l'écart du fanatisme de ses contemporains, et, comme il le dit lui-même, « il a regardé mollement les opinions diverses ». C'est au lendemain de la Saint-Barthélemy qu'il écrivait : « C'est mettre ses conjectures à bien hault prix que d'en faire cuire un homme tout vif ». Ennemi des changements dans l'ordre politique et religieux, il ne partage point l'humeur aventureuse des réformateurs et s'accommode aisément de ce qui est. Conservateur, dans un âge de révolution et de progrès, il ne demande, dit-il, qu' « à planter une cheville en notre roue afin d'en arrester le bransle ».

C'est donc la modération, la mesure, qui distingue Montaigne. Il ne cachait pas son goût pour « les natures tempérées et moyennes ». Et c'est beaucoup, dit avec raison Prévost-Paradol, que d'avoir donné en un tel siècle une perpétuelle leçon de tempérance et de modération. Entre Érasme, l'humaniste érudit, exclusivement amoureux des belles-lettres, et Rabelais, le hardi novateur, qui recule aussi loin que possible les limites de l'esprit, et qui fait entrer toute l'encyclopédie du savoir humain dans la cervelle de son élève, au risque de la faire éclater, Montaigne occupe une place intermédiaire, avec ses tendances circonspectes et mesurées, avec sa pédagogie discrète, modérée, ennemie de tous les excès. Il semblait que Rabelais voulût développer également toutes les facultés, et qu'il mit toutes les études, lettres et sciences, sur le même plan. Montaigne demande à choisir : entre les diverses facultés, il s'attache surtout à former le jugement ; entre les diverses connaissances, il recommande de préférence celles qui font les esprits droits et sensés. Rabelais surmène l'esprit et le corps : il rêve une instruction à outrance, où toute science serait approfondie. Montaigne demande seulement qu'on « gouste des sciences la crouste première » ; qu'on les effleure sans les épuiser, qu'on les traverse légèrement, « à la française ». Mieux vaut à ses yeux une tête bien faite, qu'une tête bien pleine. Il s'agit, non d'accumuler, d'entasser des connaissances, mais de s'en assimiler ce qu'une intelligence avisée peut en digérer sans fatigue. En un mot, tandis que Rabelais s'attable pour ainsi dire au banquet de la science, avec une avidité qui rappelle la gloutonnerie des repas pantagruéliques, Montaigne est un gourmet délicat qui veut seulement satisfaire avec discrétion un appétit modéré.

Avant d'exposer sa propre méthode, Montaigne juge celle

des autres; conservateur en politique, il ne l'est pas, tant s'en faut, en pédagogie, et dans les critiques adressées à l'éducation de son temps on retrouve l'ardeur et la fougue de Rabelais.

Un mot résume les défauts qu'il reproche à l'instruction alors en usage : c'est le pédantisme.

Le pédantisme, qui peut revêtir tant de formes et auquel chaque siècle donne en quelque sorte une physionomie nouvelle, le pédantisme des contemporains de Montaigne consistait surtout en deux choses : 1° l'abus de la dialectique, de l'art du raisonnement syllogistique; 2° l'érudition indigeste, l'entassement de connaissances stériles, qui farcit la tête sans la former, en la déformant plutôt.

Contre ces deux aspects du pédantisme de son temps, Montaigne ne tarit pas en railleries ou en invectives.

La dialectique ne sert à rien : « Qui a pris l'entendement en la logique? Où sont ses belles promesses? Veoid-on plus de barbouillage au caquet des harengieres qu'aux disputes publicques des dialecticiens? »

La dialectique, outre son inutilité prétentieuse, a encore le tort de compromettre la philosophie et la science, d'en dégoûter tout le monde par les subtilités et les arguties qu'elle met à leur service. C'est la faute des « ergotismes », si la philosophie a mauvaise renommée, si elle apparaît comme « un nom vain et fantastique ». — « C'est *baroco* et *baralipton* qui rendent leurs supposts aussi crottez et enfumez. »

Montaigne ne met pas moins d'ardeur dans ses attaques contre la fausse science, contre l'instruction mal comprise et ce que nous appellerions aujourd'hui le *bourrage*. Comment se fait-il qu'une âme riche de la connaissance de tant de choses n'en devienne pas plus vive et plus éveillée? Montaigne répond : « Comme les plantes s'estouffent de trop d'humeur et les lampes de trop d'huile, aussi faict l'action de l'esprit par trop d'estude et de matiere ». C'est à la fois l'excès de l'étude et la façon dont on étudie que Montaigne critique. Il trouve des comparaisons fort ingénieuses pour caractériser ces savants qui emmagasinent la substance de leurs lectures sans être capables de se l'assimiler. De même que les oiseaux qui donnent la becquée à leurs petits « portent au bec le grain sans le taster, ainsi nos pedantes vont pillotants la science dans les livres et ne la logent qu'au bout de leurs levres, pour la degorger seulement et mettre au vent ».

— « On ne cesse de criailler à nos aurei'les, comme qui verseroit dans un entonnoir. » Et ailleurs : « Nous avons l'ame
non pas pleine, mais bouffie. » — « Nous ne travaillons qu'à
remplir la memoire, et laissons l'entendement et la co..science
vuides. »

Les critiques exprimées par Montaigne indiquent déjà dans
quel sens il entendait réformer l'instruction, et comment il
voulait substituer à la culture exclusive du raisonnement ou
de la mémoire l'éducation du jugement, la culture des qualités
générales qui font l'homme au sens droit, à l'esprit solide.

Sur ce point, il est irréprochable, et en matière d'éducation intellectuelle il peut être considéré encore, après trois
cents ans, comme un guide sûr et définitif.

Nous n'accorderons pas les mêmes éloges à sa pédagogie
morale. Il faut un grand parti pris d'approbation pour lui
faire honneur, comme l'a osé Guizot, du silence qu'il garde
sur l'éducation du cœur: « Le silence presque absolu que Montaigne a gardé en cette partie de l'éducation, qui s'attache à
former le cœur de l'élève, me paraît une nouvelle preuve de
son bon jugement. » Non, le grand défaut de Montaigne est
précisément celui-là : les qualités du cœur lui manquent presque
entièrement. Aimable égoïste, il n'a guère célébré que la vertu
facile où l'on arrive « par des routes ombrageuses, gazonnées
et doux fleurantes ». A-t-il jamais pratiqué lui-même les devoirs pénibles, ceux qui exigent un effort? Pour aimer les enfants, il attend qu'ils soient aimables; tant qu'ils sont petits,
il les dédaigne et les éloigne de lui : « Je ne puys recevoir cette
passion de quoy on embrasse les enfants à peine encore nayz,
n'ayant ny mouvement en l'ame, ny forme recognoissable au
corps, par où ils se puissent rendre aymables, et ne les ay pas
souffert volontiers nourrir pres de moy. » — « Ne prenez
jamais et donnez encore moins à vos femmes la charge de la
nourriture de vos enfants ! »

Montaigne avait joint l'exemple au précepte. Il dit quelque
part lestement : « Mes enfants me meurent tous en nourrice ».
Il va jusqu'à affirmer qu'un homme de lettres doit préférer ses
écrits à ses enfants : « Les enfantements de nostre esprit sont
plus nostres. »

Montaigne a souvent parlé des femmes et de leur éducation :
mais il tient en médiocre estime l'esprit féminin, et sur ce
point il n'est qu'un pédagogue à courtes vues. Avant le personnage comique de Molière, il prononce qu'une femme est

assez savante « quand elle sçait mettre différence entre la chemise et le pourpoinct de son mary ». Il se plaint que ses contemporaines prétendent au bel esprit et constate que leur savoir reste superficiel. « Elles alleguent Platon et saint Thomas, dit-il, aux choses auxquelles le premier rencontré serviroit aussi bien de tesmoing : la doctrine qui ne leur est pas arrivee en l'ame, leur est demeurée en la langue. » Il conclut de cette expérience défavorable que les femmes feront bien de s'en tenir « à leurs propres et naturelles richesses ». La rhétorique, la logique, les sciences en général sont « drogueries vaines et inutiles à leur besoing ». Il leur concède cependant, comme un amusement qui leur convient, l'étude de la poésie : « C'est un art folastre et subtil, desguisé, parlier, tout en plaisir, tout en montre, comme elles. » Il consent encore qu'elles aient quelque connaissance de l'histoire et de la philosophie morale : « elles en tireront diverses commoditez »; elles y apprendront « à mesnager leur liberté, allonger les plaisirs de la vie, et à porter humainement l'inconstance d'un serviteur, la rudesse d'un mary et l'importunité des ans et des rides. Voylà, pour le plus, la part que je leur assignerois aux sciences. »

En un mot, la femme étudiera, si elle étudie, ce qu'il est nécessaire qu'elle sache pour être patiente, résignée, obéissante. De culture générale, de développement personnel, il n'en est pas question. On est d'autant plus étonné de voir Montaigne ne pas comprendre la nécessité d'une instruction sérieuse et forte, qu'il reconnaissait lui-même tous les défauts, tous les inconvénients de l'éducation frivole alors à la mode : « Nous dressons les filles, disait-il, dez l'enfance, aux entremises de l'amour; leur grace, leur attifeure, leur science, leur parole, toute leur instruction ne regarde qu'à ce but. »

Malgré ces graves lacunes, et quelque incomplète que soit la pédagogie de Montaigne, esquisse pénétrante plutôt que théorie approfondie, l'importance de ses idées sur l'éducation n'est ni discutable ni discutée. Voici l'hommage que leur rendait Guizot dans un article publié en 1812 par les *Annales de l'Éducation*[1] : « Montaigne nous offre tout ce que peut offrir une tête saine, libre et forte, qui creuse les lois de la nature humaine, pénètre jusqu'à leur origine, les suit dans leurs appli-

---

[1]. Cet article, qui a pour titre : *Des idées de Montaigne en fait d'éducation*, a été réimprimé dans les *Méditations et études morales*, dernière édition, Paris, Didier, 1872.

cations, et appuie toutes ses opinions sur une connaissance profonde de l'homme, de ses droits et du développement de ses facultés. Qu'on croie tout ce qu'il conseille, qu'on fasse tout ce qu'il recommande, on pourra avoir à y ajouter : on aura besoin de conduire l'élève plus loin qu'il ne l'a fait; mais il faut passer par la route qu'il a prise : s'il n'a pas tout dit, tout ce qu'il a dit est vrai, et avant de prétendre à le devancer, qu'on s'applique à l'atteindre. » On n'a pas attendu notre siècle, d'ailleurs, pour mettre à profit les judicieuses réflexions pédagogiques de l'auteur des *Essais*. Locke, Rousseau, pour ne citer que ceux-là, lui ont fait de larges emprunts. De notre temps on s'accorde à reconnaître que, malgré la brièveté de ses aperçus, Montaigne est un chef d'école en matière d'éducation. C'est l'avis, non seulement de nos compatriotes, mais aussi des pédagogues étrangers, de M. R.-Hébert Quick, par exemple, qui, dans ses *Essais sur les réformateurs de l'éducation*[1], reconnaît que « Montaigne a fondé, en matière pédagogique, une école de penseurs, dont Locke et Rousseau ont été, dans la suite des temps, les principaux adhérents ». En Allemagne des éditions ont été données des *Essais pédagogiques* de Montaigne. Citons, par exemple, celle qu'a publiée M. Ernest Schmid dans la *Bibliothèque des classiques de la pédagogie*, éditée à Langensalza. De toutes parts, après un long oubli, on rend un hommage éclatant, quoique tardif, à une pédagogie faite de bon sens et de sagesse, et dont certaines parties mériteront toujours d'être admirées.

III

ANALYSE DE « L'INSTITUTION DES ENFANTS ».

Il est facile de dégager le point central des idées exposées par Montaigne dans le chapitre de l'*Institution des enfants* : elles se ramènent toutes à ce principe, qu'il faut former la raison et le caractère. Dès le début, dès la dernière ligne du premier paragraphe, Montaigne laisse entrevoir sa pensée : « J'examine le jugement naturel de l'enfant »; et les derniers mots du chapitre concluent dans le même sens : « Pour bien

1. *Educational Reformers*, par Robert Hébert Quick, dernière édition, Cincinnati, 1885.

faire, il ne fault pas seulement loger chez soy la science, il la fault espouser »; en d'autres termes, il faut avoir fait la science sienne; il faut se l'approprier, se l'assimiler, de façon à assurer la justesse de l'esprit et la force du caractère.

Mais ce qui est autrement malaisé, c'est de suivre Montaigne dans les tours et les détours de sa pensée, qui n'a rien de didactique ni de suivi. Malgré le titre du chapitre, qui semble annoncer que l'orateur va traiter *ex professo* le sujet de l'éducation des enfants, Montaigne n'y a nullement renoncé aux habitudes nonchalantes et capricieuses de son esprit, qui aime à procéder « par sauts et par gambades ». De là de fréquentes digressions, comme dans une conversation à bâtons rompus. L'orateur oublie sans cesse son sujet, et le lecteur l'oublie à sa suite, captivé qu'il est par la plus aimable des causeries.

Essayons pourtant de retrouver, à travers les allées et venues d'une imagination ondoyante, le fil conducteur qu'il faut avoir en main pour ne pas se perdre dans un dédale de réflexions jetées sur le papier en désordre et à l'aventure[1].

Après un assez long préambule où il est question de tout autre chose que du sujet, Montaigne pose quelques principes généraux. En quelques mots il indique l'importance qu'il attache à l'éducation. « La plus grande difficulté de l'humaine science semble estre en cet endroict où il se traicte de la nourriture et institution des enfants. » Kant dira, de même, que les deux arts les plus difficiles au monde sont l'art de gouverner les hommes et l'art de les élever. La difficulté, d'après Montaigne, provient surtout de ce qu'il y a de vague et d'incertain dans les « tendres inclinations » des enfants, qui ne laissent pas aisément deviner leurs aptitudes, leur vraie vocation; de sorte qu'on fait souvent fausse route en les occupant à des études qui ne leur conviennent pas. La conclusion de Montaigne sur ce point n'est pas des plus justes : il veut en effet que sans s'inquiéter des « promesses incertaines » du jeune âge, des « legieres divinations » qu'on pourrait fonder sur les premières manifestations du caractère, on se contente « d'acheminer les enfants aux meilleures

---

1. Le sommaire que nous avons rédigé et où nous avons essayé de résumer, aussi exactement que possible, les divers sujets traités successivement par Montaigne, aidera le lecteur dans cette analyse un peu malaisée.

choses et plus proufitables ». En d'autres termes, l'éducation devrait être uniforme, invariable, la même pour tous. Montaigne corrigera heureusement dans la pratique, au risque de se contredire, ce que sa théorie offre ici de trop rigoureux et de trop absolu : par exemple, quelques lignes plus loin, quand il demandera au précepteur idéal qu'il rêve « de faire trotter l'élève devant lui », afin de juger de son train naturel et de s'accommoder à son allure.

Ces quelques principes généraux touchés d'une main légère, Montaigne déclare que le succès d'une éducation dépend des qualités de celui qui la donne : de là l'importance du choix du « gouverneur », c'est-à-dire du précepteur de l'enfant.

C'est en effet d'une éducation privée, confiée dans la famille à la direction d'un maître de choix, que Montaigne nous entretient.

On sait combien dans la question de la préférence à accorder soit à l'éducation publique, soit à l'éducation domestique, la pensée de notre auteur s'est montrée hésitante.

Montaigne, qui s'est beaucoup loué, non sans raison, des soins qu'il avait reçus de son père, et qui en revanche s'est plaint avec amertume des années qu'il passa comme interne au collège de Guyenne, semblerait devoir être naturellement conduit par son expérience personnelle et par les souvenirs de sa jeunesse à se prononcer sans hésitation pour l'éducation du foyer, de la maison paternelle.

Il n'en est rien, et c'est avec chaleur qu'il signale les défauts de l'éducation domestique : « Aussi bien est-ce une opinion receue d'un chascun que ce n'est pas raison de nourrir un enfant au giron de ses parents : cette amour naturelle les attendrit trop et relasche.... »

Mais, d'autre part, les vices de la discipline scolaire le choquent au point qu'il en arrive à décrier l'internat et à le rendre responsable de tous les défauts des jeunes gens : « A la verité nous veoyons qu'il n'est rien si gentil que les petits enfants en France; mais ordinairement ils trompent l'esperance qu'on en a conceue, et, hommes faicts, on n'y veoid auleune excellence : j'ay ouy tenir à gents d'entendement que ces colleges, où on les envoye, les abrutissent ainsin. »

Après avoir condamné l'éducation domestique parce qu'elle est trop douce, Montaigne se laisse aller à condamner l'éducation des collèges parce qu'elle est trop dure. Sur ce point, comme sur bien d'autres, ce qui manque, ce n'est pas la vivacité de la critique, ni la richesse de l'argumentation; c'est une théorie nette et une conclusion claire. Forcé de choisir, Montaigne se serait sans doute prononcé pour les collèges, à condition qu'on y améliorât les méthodes d'enseignement et qu'on y adoucît la discipline. Mais dans le chapitre que nous analysons et où il s'agit de l'éducation d'un fils de famille, Montaigne n'envisage que l'hypothèse de l'éducation domestique dirigée par un précepteur. Ajoutons que peut-être, pour Montaigne, comme pour Locke, comme pour Rousseau, le précepteur n'est-il qu'un artifice, une invention littéraire, qui donne à l'auteur les moyens d'exposer plus facilement ses idées dans toute leur nouveauté.

Quelles sont d'ailleurs les qualités requises d'un précepteur modèle? La science, sans doute, mais plus encore « les mœurs et l'entendement ». Montaigne préfère sans hésiter les qualités solides d'un jugement droit à l'étendue du savoir, et pour que le maitre puisse les inculquer à son élève, il faut évidemment qu'il les possède lui-même.

Les développements qui suivent sont consacrés à montrer comment le précepteur s'y prendra pour former le jugement personnel de l'enfant. Il renoncera à l'enseignement exclusivement dogmatique, à l'instruction de pure mémoire; il fera appel à l'initiative de l'élève, il l'habituera à penser par lui-même, à parler à son tour. Il ne lui apprendra rien qu'il ne comprenne bien, et dont il ne se rende compte. Il l'exercera à se déprendre des mots, et à saisir le sens et la substance des choses.... En tout cela Montaigne est un guide excellent, et n'eût-il écrit que ces quelques pages sur la culture du jugement, il aurait droit à une place d'honneur dans l'histoire de l'éducation.

D'ailleurs, Montaigne nous en avertit tout de suite, le jugement tel qu'il l'entend n'est pas seulement le sens intellectuel qui démêle le vrai du faux, c'est le jugement pratique, qui tend à l'action, qui distingue le bien du mal. « Le gaing de nostre estude, c'est en estre devenu meilleur et plus sage. »

Dans ce qui précède, Montaigne a défini le but de l'éducation, et indiqué quelques-uns des moyens les plus propres à éveiller le jugement de l'élève. Il va en proposer d'autres encore : — l'apprentissage pratique, qui exerce l'enfant « à bien uger et à bien parler », et qui lui en fait trouver l'occasion dans les événements les plus ordinaires de la vie; « à cet apprentissage, tout ce qui se présente à nos yeulx sert de livre

suffisant » ; — le commerce des hommes, les voyages en pays
étranger, pour y apprendre les langues vivantes, mais aussi
« pour frotter et limer nostre cervelle contre celle d'aultruy »,
c'est-à-dire encore pour développer et fortifier le jugement.

Jusqu'ici, il faut le reconnaître, la suite des idées est suffisante, et l'imagination vagabonde de notre auteur s'est assez
bien tenue et a évité tout écart grave. Mais l'idée des voyages
l'achemine à une première digression, suivie bientôt de plusieurs autres. Voyager, ce n'est pas seulement aller à la
recherche de connaissances nouvelles, c'est aussi s'exposer, loin
des douceurs de la vie de famille, aux difficultés de la vie et à
des fatigues de toute espèce. De là tout un passage, fort intéressant d'ailleurs, et dont Locke s'inspirera dans ses *Pensées
sur l'éducation*, sur la nécessité de l'éducation physique, de
l'endurcissement musculaire ; puis un retour au sujet, déjà
entamé, de la fréquentation de la société humaine, et qui
est pour notre auteur l'occasion de sages conseils sur l'attitude
réservée, discrète, qui convient à un jeune homme bien élevé
dans les conversations mondaines.

Le grand défaut, au point de vue de la méthode, de l'ingé-
nieux et profond Essai de Montaigne, c'est que toutes les
questions s'y présentent à la fois : point de division, aucun
compte tenu de la progression dans l'âge de l'élève. Il s'agit
d'élever un enfant, qui n'est pas encore né d'ailleurs, et dont
Montaigne dirige les études par anticipation sans savoir s'il
sera fille ou garçon[1]. Et sans se préoccuper des différents
degrés que comporte un cours d'études complet, et qui cor-
respondent aux divers âges, Montaigne nous parle tout à la
fois et sans transition des inclinations et des goûts de la première enfance, des voyages, puis, dans une nouvelle échappée
et brusquement, des devoirs envers le prince et l'État, c'est-
à-dire d'obligations qui ne conviennent qu'à des hommes faits.

Nous revenons insensiblement au sujet, avec le paragraphe
qui débute ainsi : « Que sa conscience et sa vertu reluisent
en son parler... ». Tout en conseillant à son élève de donner

---

1. Montaigne n'écrit que pour l'éducation des garçons. Il explique
dans un de ses *Essais* (livre III, ch. v) que « la police féminine a
un train mystérieux » et qu'il faut la laisser aux femmes. « Ma fille
(c'est tout ce que j'ay d'enfants) a este eslevee par sa mere, d'une
forme retiree et particuliere. » Montaigne ajoute qu'il ne se mêle en
rien de l'éducation de sa fille.

une preuve nouvelle de son jugement, en avouant de bon cœur ses erreurs, dans les conversations et dans les discussions du monde, il lui recommande encore de chercher dans les propos qu'il entend, même les plus vulgaires, ceux « d'un bouvier, d'un manant, d'un passant », des matières nouvelles d'instruction. Et, après la conversation des hommes, il recommande l'observation des choses. L'esprit de la méthode qu'on appelle aujourd'hui plus ou moins justement méthode intuitive, l'esprit des « leçons de choses » est déjà tout entier dans ce passage de Montaigne. Il faut éveiller et satisfaire la curiosité de l'enfant ; il faut que la leçon sorte pour lui, non abstraite et toute faite d'un livre, mais vivante et réelle, des faits qu'il observe et qu'il interprète.

Une transition assez naturelle conduit Montaigne à parler des anciens et à nous dire comment il convient de les lire et de les étudier. Montaigne, malgré ses attaques contre l'instruction « livresque », ne songe pas, comme Rousseau, à exclure les livres de l'éducation. Ce qu'il combat, c'est l'abus du livre, c'est le livre appris par cœur, le livre lu sans critique. Mais la lecture intelligente, qui est une analyse des idées, une appréciation des faits, et non une simple étude de mots, lui apparaît comme une excellente école de jugement, de réflexion personnelle. Les études historiques, par exemple, importent moins par les faits qu'on y apprend que par le profit moral qu'on en retire, et comme exercices de jugement. C'est toujours la même pensée : il s'agit de faire, non des érudits, mais des hommes d'entendement, c'est-à-dire ayant à la fois du sens moral et du bon sens.

Montaigne n'épuise jamais du premier coup les idées qu'il expose : aussi y revient-il sans cesse, après avoir fait maintes fois l'école buissonnière. L'idée de la fréquentation des hommes et de l'étude du monde va lui fournir encore de nouvelles réflexions. Montaigne désire que l'homme se rende compte de la nature en général, afin de mieux comprendre le peu de place qu'il y occupe, afin de mieux conformer ses ambitions et ses visées à la médiocrité de sa destinée et à la modestie de son rang. Le fameux passage de Pascal : « Que l'homme contemple donc la nature entière dans sa haute et pleine majesté », est déjà en germe dans une phrase de Montaigne. Mais, on le voit, même quand il demande que l'homme se regarde dans la nature comme dans un miroir, Montaigne n'ouvre pas la porte aux études spéculatives, aux sciences proprement dites, pour lesquelles il n'a jamais eu grand goût, et qui renferment, à son avis, « beaucoup d'étendues et d'enfoncements fort inutiles ». La nature, comme les livres de l'antiquité, comme la société humaine, comme toute étude en un mot, ne doit être, c'est le refrain perpétuel, qu'une école de jugement, de jugement moral par-dessus tout.

Le moyen âge subordonnait tout à la théologie, notre siècle tend à subordonner tout à la science : Montaigne subordonne tout à la morale. Plus de vingt pages sont consacrées, dans le chapitre de l'*Institution des enfants*, à ce qu'il appelle la *philosophie*, à ce qui n'est, en réalité, que la science morale. Il se place au même point de vue que Socrate, qui, dans son bon sens un peu étroit, se moquait des recherches hardies des physiciens et des astronomes, et écartait dédaigneusement toutes les études dont l'homme ne peut tirer aucun profit pratique pour sa conduite. Il pense, comme penseront les jansénistes, qui l'ont pourtant si fort malmené, que les sciences ne doivent être cultivées qu'avec discrétion, dans la mesure où elles contribuent à perfectionner la raison, à asseoir la justesse de l'esprit. Les sciences et les lettres sont des moyens et non un but. Le but, c'est de devenir « plus sage et meilleur », et Montaigne recommande par suite la philosophie morale, comme la première et la plus importante des études. « Entre les arts libéraux, commençons par l'art qui nous fait libres », c'est-à-dire par la philosophie, qui *nous apprend nos devoirs et nos droits*, qui nous enseigne « à bien vivre et à bien mourir ».

C'est en passant seulement, et d'un trait rapide de plume, que Montaigne fait mention des autres études, des autres arts libéraux, comme on les appelait au moyen âge. L'enfant devra avoir déjà le jugement formé « quand on l'entretiendra de ce que c'est que logique, physique, géométrie, rhétorique ». Vues un peu courtes, un peu confuses aussi. Montaigne ne semble pas voir que ces études spéciales, dans un enseignement bien dirigé, peuvent et doivent être des instruments d'éducation intellectuelle, qu'elles constituent une partie essentielle de la gymnastique de l'esprit, qu'il est difficile et même impossible de former le jugement de l'enfant, si on le conduit seulement par la voie facile des leçons des choses, de l'observation des hommes et du monde: qu'il faut aussi nourrir son esprit d'abstractions, de généralités scientifiques ; et qu'enfin en « abreuvant son entendement », dès le premier jour, des discours de la morale, on risque de faire fausse route et de présenter à une intelligence encore débile des leçons qu'elle n'est pas en état d'entendre.

Mais Montaigne ne s'arrête pas à ces difficultés : il nous a averti lui-même, dès le début, qu'il ne parlerait guère de l'enseignement proprement dit, « pour n'y sçavoir rien apporter qui vaille ». Ne lui demandons que ce qu'il a promis de nous donner : des directions générales sur l'éducation intellectuelle et morale.

Les pages qui suivent sont moins des conseils pédagogiques qu'une dissertation sur la morale, sur ses vrais caractères. Montaigne y parle le langage d'un épicurien qui aplanit et adoucit avec une complaisance excessive le chemin de la vertu, qui facilite le devoir en supprimant ce qu'il a, quand il est bien compris, de pénible et de laborieux. Ne nous étonnons pas qu'il considère l'étude de la philosophie comme accessible aux enfants. Il la fait si aimable, si « enjouée », si « folâtre » même, pour employer ses propres expressions ! D'une part il veut retrancher de la philosophie tout ce qui la rend rebutante dans la forme, les mots techniques, la terminologie pédantesque ; d'autre part il professe une doctrine morale, complaisante et molle, qui n'est point « l'ennemie de nos plaisirs », et dont les avenues sont « des routes ombrageuses, gazonnées et doux fleurantes ». Il oublie enfin ce qu'il a dit ailleurs : « La vertu refuse la facilité pour compagne » ; ou encore : « La vertu sonne je ne sais quoi de grand et d'actif ».

Quoi qu'il en soit, l'intention dominante de la pédagogie de Montaigne apparaît ici dans toute sa netteté. Il veut avant tout une éducation pratique, qui nous apprenne à vivre. Il s'agit de faire des hommes habiles et vertueux, dont les actions soient prudentes et sages. Passer sa jeunesse à apprendre les mots, le beau langage, les figures de rhétorique, ou même les notions de la science, c'est du temps perdu : «Ma science est d'apprendre à vivre, répète-t-il sans cesse : un enfant en est capable au sortir de la nourrice, beaucoup mieux que d'apprendre à lire et à écrire. »

Excusons l'enthousiasme de Montaigne. On a si souvent abusé des études proprement dites, en négligeant le souci supérieur de la culture morale, qu'il faut pardonner à notre philosophe d'être tombé, par réaction, dans l'excès contraire. Les vérités les plus justes, quand elles sont nouvelles, ne pénétrent dans les esprits que par effraction et par violence, pour ainsi dire. Il est besoin de forcer la note, de hausser le ton, si l'on veut se faire écouter, quand pour la première fois on proteste contre des habitudes mauvaises et depuis longtemps établies. Montaigne exagère assurément quand il sacrifie le savoir positif à ses préoccupations éducatives : mais qui donc pourrait lui reprocher d'avoir mis quelque passion à proposer un idéal, dont les nécessités propres de l'enseignement nous détourneront toujours trop?

On ne s'étonnera pas après cela que Montaigne — interrompant sa dissertation sur la morale, à laquelle il reviendra encore au paragraphe suivant, pour montrer qu'elle se mêle à tout, et que ses leçons peuvent être de tous les instants — s'applique, en quelques phrases expressives, à condamner l'excès de l'étude. Il parle ici comme le ferait de nos jours un adversaire du surmenage, qui se refuse à « tenir l'élève à la gehenne et au travail, quatorze ou quinze heures par jour, comme un portefaix », et qui se plaint « d'une application trop indiscrète à l'estude des livres », d'où l'esprit sort « inepte » et « abesti ». On se rappelle, en lisant la tirade de Montaigne, le passage où Rabelais nous montre Gargantua travaillant de toutes ses forces, et mettant tout son temps à l'étude : « Et cependant son pere aperçeut que en rien ne prouffitoit et qui plus est, en devenoit fou, niays, tout resveux et rassoté. » Montaigne veut, lui aussi, pour son élève plus de liberté, plus de loisirs, afin de ne pas étouffer la grâce, la gentillesse naturelle de l'enfant.

Préoccupé de cette idée de la liberté dans l'éducation, il y revient quelques lignes plus loin, après un dernier retour sur la philosophie, sur la possibilité de philosopher en tout temps. Comme Rabelais encore, il attaque avec une extrême vivacité la discipline des collèges de son temps, faite « de violence et de force, d'horreur et de cruauté ». Sans incliner absolument à l'indulgence, il demande qu'une « sévère douceur » soit le mot d'ordre de la « police des colleges ». Il en exclut les châtiments corporels; et, avec son imagination gracieuse, il rêve des maisons d'éducation où « la joye, les grâces » seraient peintes sur les murs pour égayer les yeux de l'enfant, et où la joie régnerait en réalité, dans des classes « jonchées de fleurs », dans des gymnases « où les danses, jeux, chansons, saults et tours » viendraient alterner avec des études d'ailleurs attrayantes et poursuivies sans contrainte. Moins de travail, le fouet supprimé, des leçons agréables qui convient l'élève à des efforts volontaires et aisés, toute violence, toute rudesse proscrites : voilà l'idéal de discipline aimable et souriante que Montaigne a conçu et qu'il souhaite de voir appliqué dans l'éducation « de ces âmes délicates et tendres qu'il dresse pour l'honneur et la liberté ».

Montaigne ne s'est jamais embarrassé outre mesure de la règle des transitions : à l'endroit où nous sommes arrivés, il s'en affranchit absolument, et le voilà qui, sans nous prévenir, se remet au sujet déjà ébauché de l'éducation physique. Il va même un peu loin sur ce chapitre, et, sous prétexte d'aguerrir le corps, il vient à autoriser, à encourager presque, chez les jeunes gens, les excès de toute espèce. C'est la seule défaillance grave qu'on ait à relever dans l'Essai que nous analysons.

Le paragraphe suivant a les allures d'une conclusion : « Voicy mes leçons, écrit Montaigne ; celui là y a mieulx prouflté, qui les faict, que qui les sçait. » En d'autres termes, la véritable éducation tend à l'action. Montaigne, comme Rousseau le fera plus tard, dit son fait à « l'éducation babillarde », qui ne vise à faire que de beaux parleurs. Mais, en même temps qu'elle sera pratique, l'éducation sera générale, et, sous forme d'anecdote, Montaigne explique clairement ses intentions sur ce point. Personne n'a mieux compris que Montaigne la nécessité de développer dans chaque individu les facultés qui font l'homme, avant de lui apprendre le métier, les sciences particulières qui font l'artisan, le spécialiste. Il ne veut former, quant à lui, ni un grammairien, ni un logicien, mais un *gentilhomme*, « qui puisse faire toutes choses, mais n'ayme à faire que les bonnes ».

D'ailleurs, et c'est l'objet des réflexions qui suivent, la rhétorique, la logique, outre qu'elles ne développent que des qualités spéciales, ne sont pas aussi efficaces qu'on pourrait le croire. L'étude et la pratique des règles de la rhétorique ne suffisent pas pour faire un orateur, pas plus que la versification ne fait la poésie. Montaigne compte sur la nature beaucoup plus que sur l'art, et ici encore il ne se défend point de quelque exagération. Il ne fait pas grand cas, par exemple, de l'ordre et de la composition dans les discours. « Aille devant ou aprez, dit-il, une utile sentence, un beau traict, est toujours de saison. » C'est se montrer trop complaisant pour ses propres défauts : c'est trop naïvement ériger en règles les habitudes désordonnées de sa propre pensée. De même, un peu plus loin, dans ses considérations sur les qualités du style, c'est un portrait qu'il trace, le portrait de son propre style, plutôt qu'un idéal irréprochable. Il veut, dit-il, « un parler simple et naïf », sans affectation : cela est bien; mais il ne craint pas d'ajouter qu'il l'aime « desréglé et descousu ». C'est trop abonder dans son propre sens; et Montaigne est décidément peu capable de se déprendre de lui-même pour s'élever par la réflexion à des vues impartiales.

C'est de la même tendance à s'examiner souvent soi-même, que procèdent les dernières pages du chapitre. Montaigne nous y raconte longuement sa propre éducation : comment il apprit le latin, quelles furent ses premières lectures. Assurément ces confidences eussent été mieux placées au début. Ce n'est pourtant pas sans intention peut-être que Montaigne les a rejetées à la fin. Il a voulu faire entendre que l'étude des langues mortes doit être rejetée au second plan, au-dessous des études morales et pratiques, qui constituent à ses yeux le vrai fond de l'éducation. En tout cas, et sur ce sujet sa pensée n'est pas douteuse, le latin ne doit être appris qu'après le français et même après les langues vivantes. « Je vouldrois premièrement bien savoir ma langue et celle de mes voisins où j'ay le plus ordinaire commerce. » Sur ce point le système de Montaigne est en avance sur les traditions et la routine de son temps. Il devance les jansénistes, il devance Locke, et il va même plus loin qu'ils n'iront eux-mêmes, en proposant pour l'étude du latin la méthode naturelle, la méthode qui consiste à apprendre la langue par la pratique, par l'usage, plus que par la grammaire et par les règles.

On sait avec quelle sollicitude ingénieuse Montaigne avait été élevé par son père, particulièrement en ce qui concerne l'enseignement de la langue latine. A six ans, quand il quitta le château de Montaigne pour entrer, à Bordeaux, au collège de Guyenne (1539), il savait déjà le latin, au point, nous dit-il, sans fausse modestie, que les meilleurs latinistes du temps, Muret, par exemple, « craignoient à l'accoster ». Ces progrès si rapides étaient dus à la méthode qu'avait employée son père. On croit aujourd'hui faire chose nouvelle quand on donne aux enfants des bonnes allemandes ou anglaises, qui ne leur parlent que la langue de leur pays, de sorte que pour ces enfants privilégiés il y a en quelque sorte plusieurs langues maternelles. Cet usage, le père de Montaigne l'avait déjà mis en pratique avec son fils. « Avant le premier dénouement de sa langue », Montaigne fut confié à des maîtres qui ne l'entretenaient qu'en latin. Quant au reste de sa famille, « c'estoit une regle inviolable que ny mon pere, ny ma mere, ny valet, ny chambriere ne parloient en ma compagnie qu'autant de mots de latin que chascun avoit appris pour jargonner avec moy ».

Mais Montaigne, tout en faisant valoir les beaux résultats de ce système, ne réussit pas à en dissimuler les défauts. Je ne parle pas seulement de la difficulté, pour ne pas dire l'impossibilité, qu'il y aurait à généraliser une méthode, inapplicable autre part que dans l'éducation domestique, très coûteuse d'ailleurs et exigeant de grands frais. Mais ce qui est plus grave, c'est l'aveu que nous fait Montaigne lui-même, quand il reconnaît avoir désappris presque tout de suite au collège ce latin qu'il savait si bien au logis. C'est qu'il ne le savait que par routine ; il en possédait l'usage, il en ignorait les règles. Il ne faut donc pas s'étonner qu'échappant au milieu factice où son père l'avait systématiquement enfermé et où il n'avait pas appris un mot de français, « pas plus que de périgourdin », il ait vu son latin « s'abastardir incontinent ».

Il ne saurait donc être question de recommander comme une règle générale, ni même comme une méthode excellente, le procédé suivi dans l'éducation exceptionnelle de Montaigne. N'en retenons que les parties pratiques : d'abord l'idée que le grec et le latin « s'achètent trop cher », c'est-à-dire qu'on y emploie trop de temps, qu'on y abuse des procédés mécaniques, et qu'on doit s'efforcer d'en simplifier, d'en faciliter l'étude; ensuite le principe général qui guidait le père de Montaigne : « Il me faisoit gouster la science et le debvoir par une volonté non forcée et de mon propre désir : il eslevoit mon ame en toute doulceur et liberté, sans rigueur et sans contraincte. »

Notons aussi le goût très vif pour la lecture, que la curiosité de son vif esprit inspira de bonne heure à Montaigne, et que ses maîtres encouragèrent. Après avoir lu les *Métamorphoses* d'Ovide, « j'enfilay tout d'un traict Virgile, et puis Terence, et puis Plaute », et puis d'autres ouvrages encore. Montaigne s'attarde un peu dans ces souvenirs personnels : mais son moi est toujours aimable et ses confessions instructives. En se racontant lui-même, il suggère souvent d'utiles leçons pour les autres. Il est seulement dommage qu'il y oublie parfois son sujet et qu'il « ne revienne à son propos », comme il dit lui-même, que cinq lignes avant la fin du chapitre, non sans avoir rappelé une des idées fondamentales de sa pédagogie, « qu'il faut allecher l'appetit et l'affection », en d'autres termes que le maître doit se faire aimer et, par des méthodes attrayantes, éveiller le goût de l'étude.

Nous sommes arrivés au bout de cette analyse, sans nous dissimuler combien elle fait tort à notre auteur, et nous avons hâte de renvoyer nos lecteurs au texte même de Montaigne. Il faut le lire, le lire avec lenteur, pour apprécier tout ce qu'il vaut, pour goûter tout ce qu'il sème dans ses écrits de réflexions fines et pénétrantes, de vues neuves et hardies. Du moins pouvons-nous espérer que de notre travail se dégagera une idée générale des principes essentiels de sa pédagogie : l'éducation préférée à l'instruction, et l'éducation morale prenant le pas sur l'éducation intellectuelle.

Veut-on d'ailleurs avoir une idée vive et nette de son système d'éducation? Demandons-nous ce que sera l'homme formé par ses leçons. Il ressemblera beaucoup à l'auteur des *Essais* : c'est une tendance à laquelle les éducateurs n'échappent guère, de faire leur élève à leur image. Ce sera surtout un esprit délié, avisé, promenant sa curiosité à travers toutes choses, jugeant avec bon sens, avec modération de tous les événements de la vie, réglant ses actions avec prudence, incapable de faire quoi que ce soit contre l'honneur. Ce sera un homme modéré et doux, que la passion n'emportera jamais de son souffle irréfléchi ; ce sera encore, ce qui vaut mieux, un homme tolérant, témoin attristé devant les terribles spectacles des guerres civiles et des guerres de religion! Ce sera aussi un homme poli, aimable, poussant la civilité jusqu'à prodiguer les saluts, les *bonnetades,* comme il le dit lui-même, notamment en été, ajoute-t-il ironiquement, parce qu'on risque moins de s'enrhumer dans cette saison. Ce sera.... Mais nous irions trop loin, si nous voulions énumérer toutes les qualités de Montaigne ou de l'élève de Montaigne. Signalons plutôt le défaut qui le dépare et qui n'est autre que l'égoïsme. Ce gros mot étonnera peut-être : il étonnera surtout ceux qui se rappellent que l'ami de La Boétie est de tous les écrivains français celui qui a le plus divinement parlé de l'amitié. Le mot est juste néanmoins. Montaigne est un sceptique que les contradictions des philosophes et les discordes religieuses semblent avoir désabusé de toute croyance profonde. Il a vécu insouciant, absorbé dans l'étude de son caractère, dans la contemplation de son âme. Dans ses réflexions sur l'éducation, il est sans cesse question de jugement : il n'y a pas un mot sur le cœur. Il a consenti à entrer aux affaires une ou deux fois, mais il n'y a porté qu'une humeur languissante. Il s'est laissé marier à trente-trois ans, avec froideur et pour obéir à la coutume. Ce qui lui manque donc, ce qui manquerait à son disciple, c'est l'ardeur, la foi ; c'est l'abondance des sentiments, l'esprit du sacrifice, le goût de l'action, c'est encore ce que Rabelais et la plupart des hommes de la Renaissance possédaient au plus haut degré, l'enthousiasme et la confiance dans l'avenir.

DE L'INSTITUTION DES ENFANTS [1]

ESSAIS

LIVRE I. — CHAPITRE XXV

A MADAME DIANE DE FOIX, COMTESSE DE GURSON [2]

Sommaire : Préambule. — Dédicace à Mme de Foix. — Difficulté de l'éducation. — Du choix d'un précepteur. — Critique de l'instruction de pure mémoire. — Culture du jugement. — L'instruction doit avoir une influence moralisatrice. — Utilité des voyages et de l'étude des langues étrangères. — Éducation physique. — Comment il faut profiter du commerce des hommes. — Devoirs envers le prince et l'État. — Il faut avoir le courage d'avouer ses erreurs. — Observation des choses. — Comment il faut étudier les anciens. — Fréquentation du monde et étude des hommes. — Étude de la morale. — Autres études. — L'étude de la philosophie est accessible aux enfants. — Caractères de la vraie philosophie. — Il faut faire aimer la vertu. — Il faut apprendre la philosophie de bonne heure. — Il faut éviter l'excès dans l'étude. — La philosophie se mêle à tout. — Critique de la discipline des collèges. — Nécessité d'aguerrir le corps. — L'éducation tend à l'action. — L'éducation doit former des hommes, non des spécialistes. — Insuffisance des règles de la rhétorique. — De la poésie. — Critique des règles de la logique. — Ré-

---

1. *Institution* est ici synonyme d' « éducation »; du mot *institution*, aujourd'hui inusité dans ce sens, est sorti *instituteur*.

2. Diane de Foix avait épousé en 1579 Louis de Foix, comte de Gurson, et Montaigne, comme il nous l'apprend plus loin, avait eu « grande part à la conduicte de ce mariage ». La publication des deux premiers livres des *Essais* date de 1580, et si d'autres parties de l'ouvrage ont été composées bien antérieurement, dès 1572, le chapitre xxv n'a pu évidemment être écrit qu'en 1579, 1580, alors que Diane de Foix, à peine mariée, attendait la naissance de son premier enfant. On ignore d'ailleurs ce que fut cet enfant auquel Montaigne consacrait, un peu prématurément, son plan d'éducation : on ne sait pas même s'il naquit fille ou garçon.

flexions sur le style. — Comment Montaigne apprit le latin. — Éducation personnelle de Montaigne. — Premières lectures de Montaigne.

PRÉAMBULE

Je ne veis jamais pere, pour bossé[1] ou teigneux que feust son fils, qui laissast de l'advouer; non pourtant, s'il n'est du tout[2] enyvré de cette affection, qu'il ne s'apperçoive de sa défaillance; mais tant y a qu'il est sien[3] : aussi moy, je veoy mieulx que tout aultre que ce ne sont icy que resveries d'homme, qui n'a gousté des sciences que la crouste premiere en son enfance, et n'en a retenu qu'un general et informe visage; un peu de chasque chose, et rien du tout, à la françoise[4]. Car, en somme, je sçay qu'il y a une medecine, une jurisprudence, quatre parties en la mathematique[5], et grossierement ce

1. *Bossé*, « bossu », ne se dit plus aujourd'hui qu'en langage de marine : « une ancre bossée ».

2. *Du tout*, « totalement, entièrement ». Cette expression se retrouve, dans le même sens, quelques lignes plus bas.

3. Montaigne assimile les illusions de l'amour paternel et celles de l'amour-propre des auteurs. Père ou écrivain, on aperçoit bien les défauts de ses œuvres, mais on aime ses œuvres tout de même; on les « advoue », on les reconnait. Il y a quelques longueurs, quelques « longueries d'apprest », comme disait Montaigne lui-même dans ce début, d'ailleurs charmant. L'auteur des *Essais* n'a rien de didactique ni de méthodique. Il n'écrit pas un traité : il cause avec son lecteur, et l'allure de sa causerie est toujours libre et un peu vagabonde. Avant d'aborder le sujet de l'éducation, il va nous faire connaître ses habitudes d'esprit, ses lectures, ses auteurs favoris et disserter sur l'usage et l'abus des citations.

4. Dès le seizième siècle, parait-il, les Français passaient déjà pour être plus spirituels que profonds. En tout cas ils avaient déjà l'habitude, Montaigne en est la preuve, de se décrier eux-mêmes. Comme aujourd'hui, ils ne laissaient pas à la lourdeur germanique le soin de dénoncer la prétendue légèreté française.

5. La *mathématique*, la science qui a pour objet les nombres, les figures et les mouvements. L'usage a prévalu d'employer ce mot au pluriel. Les « quatre parties » dont parle ici Montaigne sont l'arithmétique, la musique, la géométrie, l'astronomie, qui constituaient

à quoy elles visent; et à l'adventure[1] encore sçay je la pretention des sciences, en general, au service de nostre vie; mais d'y enfoncer plus avant, de m'estre rongé les ongles à l'estude d'Aristote, monarque de la doctrine moderne[2], ou opiniastré aprez quelque science, je ne l'ay jamais faict; ny n'est art de quoy je sceusse peindre seulement les premiers lineaments; et n'est enfant des classes moyennes qui ne se puisse dire plus sçavant que moy, qui n'ay seulement de quoy l'examiner sur sa premiere leçon; et, si l'on m'y force, je suis contrainct assez ineptement[3] d'en tirer quelque matiere de propos universel[4], sur quoy j'examine son jugement naturel : leçon qui leur est autant incogneue, comme à moy la leur[5].

Je n'ay dressé commerce avecques aulcun livre solide, sinon Plutarque et Seneque, où je puyse comme les Danaïdes, remplissant et versant sans cesse. J'en attache quelque chose à ce papier; à moy, si peu que rien[6]. L'histoire, c'est mon gibbier en matiere de livres, ou la poësie, que j'ayme d'une particuliere inclination : car, comme disoit Cleanthes[7], tout ainsi que la voix, contrainte dans l'estroict canal d'une trompette, sort plus aiguë et plus forte, ainsi me semble il que la sentence[8], pressee aux

ce qu'on appelait au moyen âge le *quadrivium*, le second degré des sept arts libéraux. Les trois autres arts libéraux, qui composaient le *trivium*, étaient la grammaire, la rhétorique et la dialectique.

1. *A l'adventure*, « peut-être ».

2. On sait quelle était au moyen âge l'autorité souveraine d'Aristote, et quels efforts furent faits au seizième siècle pour secouer son joug. Pour avoir osé le critiquer, Ramus était appelé un *parricide*.

3. *Ineptement*, « sans beaucoup d'aptitude ».

4. *De propos universel*, c'est-à-dire « un lieu commun de conversation ».

5. Montaigne laisse entrevoir ici l'idée fondamentale de sa pédagogie qui tend souvent à la culture du jugement, et qui préfère les qualités d'un bon esprit à toutes les connaissances positives.

6. Montaigne dit ailleurs, dans le même sens, qu'il n'avait qu'une « mémoire de papier ».

7. *Cléanthe*, philosophe stoïcien, successeur de Zénon (IIIe s. av. J.-C.)

8. *Sentence*, « pensée ».

pieds nombreux[1] de la poësie, s'eslance bien plus brusquement, et me fiert[2] d'une plus vifve secousse. Quant
aux facultez naturelles qui sont en moy, dequoy c'est icy
l'essay, je les sens flechir soubs la charge : mes conceptions et mon jugement ne marche qu'à tastons, chancel-
lant, bronchant et chopant[3] ; et quand je suis allé le plus
avant que je puis, si ne me suis je aulcunement satisfaict;
je veois encores du païs au delà, mais d'une veue trouble
et en nuage, que je ne puis desmesler. Et, entreprenant
de parler indifferemment de tout ce qui se presente à
ma fantasie, et n'y employant que mes propres et naturels moyens, s'il m'advient, comme il faict souvent, de rencontrer, de bonne fortune, dans les bons aucteurs, ces
mesmes lieux que j'ay entreprins de traicter, comme je
viens de faire chez Plutarque, tout presentement, son
discours *de la force de l'imagination*[4], à me recognoistre[5],
au prix de ces gents là, si foible et si chestif, si poisant[6]
et si endormy, je me foys pitié ou desdaing à moy mesme :
si me gratifie je de cecy, que mes opinions ont cet honneur de rencontrer souvent aux leurs, et que je voys au
moins de loing aprez, disant que voire[7]; aussi que j'ay
cela, que chascun n'a pas, de cognoistre l'extreme différence d'entre eulx et moy; et laisse, ce neantmoins[8],
courir mes inventions, ainsi foibles et basses, comme je
les ay produictes, sans en replastrer et recoudre les defaults que cette comparaison m'y a descouverts.

1. *Nombreux*, « harmonieux ».
2. *Fiert*, troisième personne, inusitée aujourd'hui, du verbe *férir*,
« frappe· », usité encore dans l'expression : « sans coup férir ».
3. *Chopant*, aujourd'hui « choppant », « qui se heurte lourdement »,
4. Montaigne a écrit un chapitre des *Essais* sous ce même titre :
De la force de l'imagination (livre Ier, ch. xx).
5. *A me recognoistre*, « en me reconnaissant ».
6. *Poisant*, de poids, aujourd'hui « pesant ».
7. *Disant que voire*, « disant oui vraiment, les approuvant dans
leurs opinions » : « voire » du latin *vere*, « vraiment ».
8. *Ce neantmoins*, « malgré cela ».

Il fault avoir les reins bien fermes pour entreprendre de marcher front à front avecques ces gents là. Les escrivains indiscrets de nostre siecle, qui, parmy leurs ouvrages de neant, vont semant des lieux entiers des anciens aucteurs pour se faire honneur, font le contraire : car cette infinie dissemblance de lustres[1] rend un visage si pasle, si terni et si laid à ce qui est leur, qu'ils y perdent beaucoup plus qu'ils n'y gaignent.

C'estoient deux contraires fantasies : le philosophe Chrysippus[2] mesloit à ses livres, non les passages seulement, mais des ouvrages entiers d'aultres aucteurs, et en un la *Medee*[3] d'Euripides ; et disoit Apollodorus[4] que, qui en retrancheroit ce qu'il y avoit d'estrangier, son papier demeureroit en blanc : Epicurus[5], au rebours, en trois cents volumes qu'il laissa, n'avoit pas mis une seule allegation[6].

Il m'adveint, l'aultre jour, de tumber sur un tel passage[7] : j'avois traisné languissant aprez des paroles françoises si exsangues[8], si descharnees et si vuides de matiere et de sens, que ce n'estoit voirement que paroles françoises[9] ; au bout d'un long et ennuyeux chemin, je veins à rencontrer une piece haulte, riche, et eslevee jus-

---

1. *Lustres,* « lumières » : les traits brillants, empruntés sous forme de citations aux auteurs anciens, font ressortir la médiocrité des pensées de l'écrivain qui les cite.

2. Chrysippe, philosophe stoïcien, successeur de Cléanthe (280-207 av. J.-C.).

3. La *Médée* est une tragédie d'Euripide, que Corneille a imitée dans une pièce du même nom.

4. Apollodore, grammairien athénien, du deuxième siècle av. J.-C.

5. Épicure (341-270 av. J.-C.), philosophe athénien, le chef de la fameuse école qui soutenait, à l'encontre des stoïciens, que le plaisir, et non le devoir, est le but de la vie.

6. *Allegation,* « citation ».

7. C'est-à-dire « sur un passage où l'auteur avait fait maladroitement des emprunts à un autre écrivain ».

8. *Exsangues,* « qui n'on. pas de sang, de force, de vie ».

9. « Ce n'était vraiment que des mots ». Montaigne continue à décrier l'esprit français.

ques aux nues. Si j'eusse trouvé la pente doulce ét la montee un peu alongee, cela eust esté excusable : c'estoit un precipice si droict et si coupé, que, des six premieres paroles, je cogneus que je m'envolois en l'aultre monde ; de là je descouvris la fondriere d'où je venois, si basse et si profonde, que je n'eus oncques puis le cœur de m'y ravaler[1]. Si j'estoffois l'un de mes discours de ces riches despouilles, il esclaireroit par trop la bestise des aultres. Reprendre en aultruy mes propres faultes, ne me semble non plus incompatible, que de reprendre, comme je foys souvent, celles d'aultruy en moy : il les fault accuser par tout, et leur oster tout lieu de franchise. Si[2], sçay je combien audacieusement j'entreprends moy mesme[3], à touts coups, de m'egualer à mes larrecins, d'aller pair à pair quand et eulx[4], non sans une temeraire esperance que je puisse tromper les yeulx des juges à les discerner; mais c'est autant par le benefice de mon application, que par le benefice de mon invention et de ma force. Et puis, je ne luicte point en gros[5] ces vieux champions là, et corps à corps; c'est par reprinses, menues et legieres attainctes : je ne m'y aheurte pas; je ne foys que les taster; et ne voys point tant, comme je marchande d'aller. Si je leur pouvois tenir palot[6], je serois honneste homme[7] : car je ne les entreprends que par où ils sont les plus roides[8]. De faire ce que j'ay descouvert d'aul-

---

1. *De m'y ravaler*, « d'y redescendre ».

2. *Si*, « cependant ».

3. Montaigne explique ici comment il entend lui-même l'art de citer, l'art de faire des emprunts aux grands auteurs : il est assurément un maître en cette matière.

4 *Quand et eulx*, « comme eux »; tournure latine, *quando et illi*.

5. *En gros*, c'est-à-dire « dans l'ensemble de leurs œuvres ».

6. *Tenir palot*, vieille locution qui signifie, « être à deux de jeu, aller de pair à pair avec d'autres ».

7. *Honneste homme*, dit ironiquement, pour exprimer cette idée : « ce serait bien beau, je me couvrirais de gloire ».

8. Montaigne s'oublie de plus en plus dans cette digression sur l'imitation des auteurs anciens.

cuns [1], se couvrir des armes d'aultruy jusques à ne montrer pas seulement le bout de ses doigts; conduire son desseing, comme il est aysé aux sçavants en une matiere commune, soubs les inventions anciennes rappiecees par cy par là : à ceulx qui les veulent cacher et faire propres, c'est premierement injustice et lascheté, que, n'ayants rien en leur vaillant [2] par où se produire, ils cherchent à se presenter par une valeur purement estrangiere; et puis, grande sottise, se contentants, par piperie [3], de s'acquerir l'ignorante approbation du vulgaire, se descrier envers les gents d'entendement, qui hochent du nez [4] cette incrustation empruntee; desquels seuls la louange a du poids. De ma part, il n'est rien que je veuille moins faire : je ne dis les aultres, sinon pour d'autant plus me dire [5]. Cecy ne touche pas les centons [6], qui se publient pour centons; et j'en ay veu de tres ingenieux en mon temps, entre aultres un, sous le nom de Capilupus [7], oultre les anciens : ce sont des esprits qui se font veoir, et par ailleurs, et par là, comme Lipsius en ce docte et laborieux tissu de ses *Politiques* [8].

1. *D'aulcuns*, « de certains écrivains ».

2. *En leur vaillant*, « dans leur fonds personnel »; on dit encore aujourd'hui : « n'avoir pas un sou vaillant ».

3. *Par piperie*, « par tromperie ».

4. *Hocher du nez*, comme « hocher de la tête », faire un signe de désapprobation.

5. C'est-à-dire : « je ne cite les autres que pour faire mieux comprendre mes propres pensées ».

6. Les *centons* sont des pièces de vers entièrement composées avec des morceaux empruntés, avec des tronçons de vers pris de-ci, de-là dans un auteur.

7. Capilupi (Lelio), né en Italie en 1498, mort en 1560, avait écrit de nombreuses poésies avec des centons de Virgile; il faisait ainsi décrire au poète latin, en disloquant ses vers et en cousant les morceaux dans une mosaïque savante, le sacrifice de la messe, l'exorcisme, l'excommunication, etc. Montaigne est vraiment trop bienveillant pour ces puérils jeux d'esprit.

8. Juste Lipse, célèbre philologue belge (1547-1606). Montaigne était en correspondance avec lui. Le livre que Montaigne cite ici

Quoy qu'il en soit, veulx je dire, et quelles que soient ces inepties[1], je n'ay pas deliberé de les cacher; non plus qu'un mien pourtraict chauve et grisonnant, où le peintre auroit mis, non un visage parfaict, mais le mien. Car aussi ce sont icy mes humeurs et opinions; je les donne pour ce qui est en ma creance[2], non pour ce qui est à croire : je ne vise icy qu'à descouvrir moy mesme, qui seray, par adventure, aultre demain, si nouvel apprentissage me change. Je n'ay point l'auctorité d'estre creu, ny ne le desire, me sentant trop mal instruict pour instruire aultruy.

DÉDICACE A MADAME DE FOIX

Quelqu'un doncques, ayant veu l'article precedent[3], me disoit chez moy, l'aultre jour, que je me debvois estre un petit[4] estendu sur le discours de l'institution des enfants. Or, Madame, si j'avoy quelque suffisance[5] en ce subject, je ne pourroy la mieulx employer que d'en faire un pre-

---

avec éloges, bien qu'il le compromette un peu en le mettant dans la compagnie des centons, avait pour titre exact *Monita et exempla politica*.

1. *Ces inepties*, c'est-à-dire « les sottises que j'écris ici ». Montaigne aurait été sans doute très fâché qu'on le prît au mot et que l'on considérât les *Essais* comme des inepties. Ces exagérations de modestie affectée sont bien dans le caractère d'un écrivain sceptique qui veut avoir l'air de ne rien prendre au sérieux, pas même ses propres écrits.

2. En d'autres termes Montaigne ne prétend pas régenter les autres; il leur fait part simplement de ses opinions, sans songer à les imposer comme des articles de foi.

3. C'est-à-dire l'Essai xxiv, intitulé *Du Pédantisme*, et où Montaigne avait déjà abordé le sujet de l'éducation, en critiquant vivement les habitudes routinières, les procédés mécaniques, les allures pédantesques de la pédagogie de son temps.

4. *Un petit*, « un peu ».

5. *Suffisance*, « compétence suffisante ».

sent à ce petit homme qui vous menace de faire tantost
une belle sortie de chez vous (vous estes trop genereuse
pour commencer aultrement que par un masle)[1]; car,
ayant eu tant de part à la conduicte de vostre mariage,
j'ay quelque droict et interest à la grandeur et prosperité
de tout ce qui en viendra; oultre ce que l'ancienne possession que vous avez sur ma servitude[2] m'oblige assez
à desirer honneur, bien et advantage à tout ce qui vous
touche; mais, à la verité, je n'y entends, sinon cela, que
la plus grande difficulté et importante de l'humaine
science semble estre en cet endroict, où il se traicte de
la nourriture[3] et institution des enfants.

DIFFICULTÉS DE L'ÉDUCATION

Tout ainsi qu'en l'agriculture, les façons qui vont
avant le planter sont certaines et aysees, et le planter
mesme; mais, depuis que ce qui est planté vient à
prendre vie, à l'eslever il y a une grande varieté de
façons, et difficulté : pareillement aux hommes, il y a
peu d'industrie à les planter; mais, depuis qu'ils sont
nayz[4], on se charge d'un soing divers, plein d'embe-
songnement et de crainte, à les dresser et nourrir[5]. La

---

1. Montaigne n'écrit que pour l'éducation d'un garçon. Il nous
ap, rend dans un de ses *Essais* qu'il ne s'est jamais occupé de l'éducation de sa propre fille. « La police féminine, dit-il, a un train mystérieux, il faut le laisser aux femmes. »

2. Ce mot semble indiquer que la famille des comtes de Foix avait
exercé quelque droit de suzeraineté sur une des terres de Montaigne.

3. *Nourriture*, dans le sens d'« éducation ». On disait alors : « Nourriture passe nature », pour dire que l'éducation a plus d'influence que
les qualités naturelles dans la formation des esprits et des caractères.

4. « Après qu'ils sont nés. »

5. Tout ce développement est imité d'un passage du dialogue de
Platon, *le Théagès*.

montre[1] de leurs inclinations est si tendre en ce bas aage
et si obscure, les promesses si incertaines et faulses,
qu'il est malaysé d'y establir aucun solide jugement[2].
Veoyez Cimon, veoyez Themistocles, et mille aultres,
combien ils se sont disconvenus[3] à eulx mesmes. Les
petits des ours et des chiens montrent leur inclination
naturelle; mais les hommes, se jectants incontinent en
des accoustumances, en des opinions, en des loix, se
changent ou se desguisent facilement : si[4] est il difficile
de forcer les propensions naturelles. D'où il advient que,
par faulte d'avoir bien choisi leur route, pour neant se
travaille on souvent, et employe lon beaucoup d'aage, à
dresser des enfants aux choses ausquelles ils ne peuvent
prendre pied. Toutesfois, en celte difficulté, mon opinion est de les acheminer tousjours aux meilleures
choses et plus proufitables[5]; et qu'on se doibt peu appliquer à ces legieres divinations et prognostiques que
nous prenons des mouvements[6] de leur enfance : Platon,
en sa *Republique*, me semble leur donner trop d'auctorité.

Madame, c'est un grand ornement que la science, et
un util de merveilleux service, notamment aux personnes
eslevees en tel degré de fortune, comme vous estes. A la
verité, elle n'a point son vray usage en mains viles et

----

1. *Montre*, « manifestation ».
2. Montaigne exagère ici une pensée juste : il est sans doute difficile de démêler dès les premières années de l'enfant ses inclinations
et sa vocation; mais il est important néanmoins de les étudier, de les
suivre avec sollicitude, pour savoir quelle méthode, quelle discipline
convient à la diversité des aptitudes ou des caractères.
3. « Combien dans la suite de leur vie ils ont été en désaccord avec
ce que faisait présager leur enfance. »
4. *Si*, dans le sens de « par conséquent ».
5. La conclusion de Montaigne est que, dans l'incertitude où nous
laissent sur leur vocation les premières manifestations des inclinations
de l'enfant, il faut l'exercer à ce qui est en général le meilleur et
le plus utile, en évitant toute spécialisation prématurée.
6. *Des mouvements*, « d'après les mouvements »

basses[1] : elle est bien plus fiere de prester ses moyens à conduire une guerre, à commander un peuple, à practiquer l'amitié d'un prince ou d'une nation estrangiere, qu'à dresser un argument dialectique, ou à plaider un appel, ou ordonner une masse de pilules. Ainsi, Madame, parce que je croy que vous n'oublierez pas cette partie en l'institution des vostres, vous qui en avez savouré la doulceur, et qui estes d'une race lettree (car nous avons encores les escripts de ces anciens comtes de Foix[2], d'où monsieur le comte vostre mary et vous estes descendus, et François monsieur de Candale[3], vostre oncle, en faict naistre touts les jours d'aultres, qui estendront la cognoissance de cette qualité de votre famille à plusieurs siecles), je vous veulx dire là dessus une seule fantasie[4] que j'ay, contraire au commun usage; c'est tout ce que je puis conferer à vostre service en cela.

DU CHOIX D'UN PRÉCEPTEUR

La charge du gouverneur que vous luy donrez[5], du

1. Montaigne parle ici en aristocrate qui réserve le privilège de la science aux classes riches et aux personnes de naissance noble. Il n'entrait pas dans son esprit que tout le monde eût droit à l'instruction.

2. La famille des comtes de Foix s'était distinguée dans le métier des armes et aussi dans les travaux littéraires. Gaston III, surnommé *Phébus* (1331-1391), a laissé un traité de véneric, intitulé le *Miroir de Phébus*.

3. F. de Candale a donné une traduction latine d'Euclide (1550) et avec Scaliger une traduction d'Hermès Trismegiste, etc.

4. Montaigne n'est pas le seul pédagogue qui ait présenté ses idées pédagogiques sous cette forme modeste d'une « fantasie », d'un essai imaginaire. Rousseau lui-même, dans la Préface de l'*Émile*, s'exprime de la même manière. « On croira moins lire, dit-il, un traité d'éducation que les rêveries d'un visionnaire sur l'éducation. En exprimant avec liberté mon sentiment, j'entends si peu qu'il fasse autorité que j'y joins toujours mes raisons.... »

5. « Que vous donnerez à votre fils. »

chois duquel despend tout l'effect de son institution[1],
elle a plusieurs aultres grandes parties[2], mais je n'y
touche point, pour n'y sçavoir rien apporter qui vaille ; et
de cet article, sur lequel je me mesle de luy donner advis, il m'en croira autant qu'il y verra d'apparence.

A un enfant de maison[3], qui recherche les lettres, non
pour le gaing (car une fin si abjecte est indigne de la
grace et faveur des Muses, et puis elle regarde et despend
d'aultruy[4]), ny tant pour les commoditez externes[5], que
pour les siennes propres et pour s'en enrichir et parer
au dedans, ayant plustost envie d'en reussir[6] habile[7]
homme qu'homme sçavant, je vouldrois aussi qu'on feust
soingneux de luy choisir un conducteur qui eust plustost
la teste bien faicte que bien pleine[8], et qu'on y requist
touts les deux, mais plus les mœurs et l'entendement
que la science[9] ; et qu'il se conduisist en sa charge d'une
nouvelle maniere.

1. Montaigne exagère quand il affirme que le succès d'une éducation dépend exclusivement des qualités du maître ; les qualités naturelles de l'élève y sont bien aussi pour quelque chose.

2. Ces « autres grandes parties de la charge du gouverneur »
dont Montaigne annonce qu'il ne parlera pas, parce qu'il y serait
incompétent, c'est évidemment tout ce qui est relatif aux procédés
techniques de l'enseignement. Montaigne ne s'occupe que des qualités morales et intellectuelles du précepteur.

3. *Un enfant de maison*, expression analogue à celle qui est usitée
aujourd'hui : « un fils de famille ».

4. Il y a quelque trace ici encore des préjugés aristocratiques qui
considéraient comme indigne d'un gentilhomme tout travail rému-
nérateur, toute occupation ayant pour but un gain, un salaire.

5. *Commoditez externes*, on dirait aujourd'hui : « avantages exté-
rieurs ».

6. *Reussir*, dans le sens étymologique de ce mot, « sortir de...,
être produit par ». « De tous les corps ensemble, dit Pascal, on ne
peut faire réussir une petite pensée. »

7. *Habile homme*, c'est-à-dire « apte à agir, ayant du jugement
et du savoir-faire ».

8. Expressions qui sont devenues familières, presque proverbiales,
pour caractériser l'homme de sens et de jugement, par opposition à
l'érudit alourdi par une science indigeste.

9. Conférez Locke : « Des mœurs sobres, de l'instruction, c'est

CRITIQUE DE L'INSTRUCTION DE PURE MÉMOIRE

On ne cesse de criailler à nos aureilles, comme qui verseroit dans un entonnoir[1]; et nostre charge, ce n'est que redire ce qu'on nous a dict : je vouldrois qu'il corrigeast cette partie; et que, de belle arrivee[2], selon la portee de l'ame qu'il a en main, il commenceast à la mettre sur la montre[3], luy faisant gouster les choses, les choisir, et discerner d'elle mesme; quelquefois luy ouvrant chemin, quelquefois le luy laissant ouvrir[4]. Je ne veulx pas qu'il invente et parle seul; je veulx qu'il escoute son disciple parler à son tour. Socrates, et depuis Arcesilaus[5], faisoient premierement parler leurs disciples, et puis ils parloient à eulx. *Obest plerumque iis, qui discere volunt, auctoritas eorum, qui docent*[6]. Il est bon qu'il le face trotter devant luy, pour juger de son train, et juger jusques à quel poinct il se doibt ravaller[7] pour

tout ce qu'on exige ordinairement d'un gouverneur, mais lorsqu'un gouverneur aura rempli la tête de son élève de tout le latin et de toute la logique », etc. (*Pensées*, etc., § 93.)

1. Dans ce passage Montaigne revient sur une idée qui lui est chère et qu'il a exprimée de cent façons. Voyez par exemple, dans l'Essai xxiv, le passage qui commence ainsi : « Nous ne travaillons qu'à remplir la memoire, et laissons l'entendement et la conscience vuides ».

2. *De belle arrivee*, « d'emblée ».

3. Dans une autre édition on trouve cette variante : « ... sur le trottoir ». On comprend bien ce que veut dire Montaigne : il faut que le maître amène l'enfant à montrer ce qu'il sait, ce dont il est capable.

4. Tout ce passage est excellent et mérite une attention particulière.

5. Arcésilas, philosophe grec (316-220 avant J.-C.), fondateur de la moyenne académie.

6. « L'autorité de ceux qui enseignent nuit très souvent à ceux qui veulent apprendre. » (Cicéron, *De Natura Deorum*, I, 5.)

7. *Se ravaller*, « s'abaisser » pour se mettre à la portée de l'enfant.

s'accommoder à sa force. A faulte de cette proportion, nous gastons tout; et de la sçavoir choisir et s'y conduire bien mesureement, c'est une des plus ardues besongnes que je sçache; et est l'effect d'une haulte ame et bien forte, sçavoir condescendre à ces allures pueriles, et les guider. Je marche plus seur et plus ferme à mont qu'à val[1].

Ceulx qui, comme nostre usage porte, entreprennent, d'une mesme leçon et pareille mesure de conduicte, regenter plusieurs esprits de si diverses mesures et formes; ce n'est pas merveille, si en tout un peuple d'enfants ils en rencontrent à peine deux ou trois qui rapportent quelque juste fruict de leur discipline[2]. Qu'il[3] ne luy demande pas seulement compte des mots de sa leçon, mais du sens et de la substance; et qu'il juge du proufit qu'il aura faict, non par le tesmoignage de sa memoire, mais de sa vie. Que ce qu'il viendra d'apprendre, il le luy face mettre en cent visages, et accommoder à autant de divers subjects, pour veoir s'il l'a encores bien prins et bien faict sien : prenant l'instruction de son progrez, des paidagogismes de Platon[4]. C'est tesmoignage de crudité et indigestion, que de regorger la viande comme on l'a avallee : l'estomach n'a pas faict son operation, s'il n'a faict changer la façon et la forme à ce qu'on luy avoit donné à cuire[5]. Notre ame ne bransle

1. « ... en montant qu'en descendant. »
2. *Discipline*, dans son sens général : « éducation ».
3. « Que le gouverneur. »
4. C'est-à-dire « jugeant des progrès de l'élève d'après la méthode socratique, telle qu'elle est appliquée dans les Dialogues de Platon ». Cette méthode consiste, on le sait, à presser l'élève d'un grand nombre de questions, qui l'obligent à réfléchir, à découvrir la vérité par lui-même, qui l'obligent aussi à comprendre ce qu'on lui enseigne et à montrer par ses réponses qu'il a compris. Le mot *pédagogisme*, « système ou méthode des pédagogues », n'est plus usité aujourd'hui.
5. L'estomac *cuit* les aliments en les digérant.

qu'à credit[1], liee et contraincte à l'appetit[2] des fantasies
d'aultruy, serve[3] et captivee soubs l'auctorité de leur
leçon : on nous a tant assubjectis aux chordes[4], que nous
n'avons plus de franches allures ; nostre vigueur et liberté
est esteincte : *nunquam tutelæ suæ fiunt*[5].

Je veis priveement[6] à Pise[7] un honneste homme, mais
si aristotelicien que le plus general de ses dogmes est :
« Que la touche et regle de toutes imaginations solides et
de toute verité, c'est la conformité à la doctrine d'Aristote ; que, hors de là, ce ne sont que chimeres et inanité ;
qu'il a tout veu et tout dict » ; cette sienne proposition,
pour avoir esté un peu trop largement et iniquement
interpretee, le meit aultrefois et teint longtemps en
grand accessoire[8] à l'inquisition à Rome.

CULTURE DU JUGEMENT

Qu'il luy face tout passer par l'estamine[9], et ne loge
rien en sa teste par simple auctorité et à credit[10]. Les
principes d'Aristote ne luy soient principes, non plus que
ceulx des stoïciens ou epicuriens : qu'on luy propose

1. *Ne bransle qu'à credit*, c'est-à-dire « ne s'émeut que sur la foi
d'autrui ».
2. *Appetit*, dans le sens de « goût », « d'inclii ... our... ».
3. *Serve*, féminin peu usité de « serf », esclave.
4. *Aux chordes*, c'est-à-dire « aux lisières ».
5. « Elles ne s'appartiennent jamais à elles-mêmes. » (Sénèque,
Lettres à Lucilius, xxxiii.)
6. *Priveement*, « en particulier, intimemei ».
7. Montaigne rappelle ici un souvenir du voyage qu'il avait fait
en Italie en 1580. Il n'aurait pas eu besoin d'ailleurs de franchir les
Alpes pour trouver chez des hommes de son temps la même superstition aveugle à l'égard des doctrines d'Aristote.
8. *En grand accessoire*, « en grand danger ».
9. *Estamine*, crible ou blutoir fait d'étamine, c'est-à-dire d'étoffe
légère de laine ou de crin.
10. *A credit*, c'est-à-dire « sur parole, sur la foi d'autrui ».

cette diversité de jugements, il choisira, s'il peult; sinon, il en demeurera en doubte :

Che non men che saper, dubbiar m'aggrata[1];

car, s'il embrasse les opinions de Xenophon et de Platon par son propre discours[2], ce ne seront plus les leurs, ce seront les siennes; qui suyt un aultre, il ne suyt rien, il ne treuve rien, voire il ne cherche rien. *Non sumus sub rege; sibi quisque se vindicet*[3]. Qu'il sçache qu'il sçait, au moins. Il fault qu'il imboive[4] leurs humeurs, non qu'il apprenne leurs preceptes; et qu'il oublie hardiement, s'il veult, d'où il les tient, mais qu'il se les sçache approprier. La verité et la raison sont communes à un chascun, et ne sont non plus à qui les a dictes premierement qu'à qui les dict aprez : ce n'est non plus selon Platon que selon moy, puis que luy et moy l'entendons et veoyons de mesme. Les abeilles pillotent deçà delà les fleurs[5]; mais elles en font aprez le miel, qui est tout leur; ce n'est plus thym, ny marjolaine : ainsi les pieces empruntees d'aultruy, il les transformera et confondra pour en faire un ouvrage tout sien, à sçavoir son jugement : son institution, son travail et estude ne vise qu'à le former. Qu'il

1. « Non moins que savoir, douter m'est agréable. » (Dante, *Enfer*, ch. xi, v. 93.) On retrouve ici la complaisance de Montaigne pour le scepticisme. Il n'est pas pressé de conclure et d'affirmer. Pas n'est besoin de dire que le doute ne convient pas dans l'enseignement, qui exige au contraire des croyances fermes, la conviction et la foi.

2. « Par son propre raisonnement »; on dit encore aujourd'hui le « raisonnement discursif », pour signifier, par opposition aux vérités intuitives, les analyses, les développements du raisonnement.

3. « Nous ne vivons pas sous un roi : que chacun dispose librement de lui-même. » (Sénèque, *Lettres*, etc., XXXII.)

4. *Imboire*, « se pénètre de ». Il ne reste de ce verbe que le participe *imbu*.

5. C'est encore, sous une forme charmante, la même idée qui revient sans cesse dans les écrits de Montaigne. Il faut s'assimiler toutes les pensées qu'on emprunte aux autres.

cele[1] tout ce dequoy il a esté secouru et ne produise
que ce qu'il en a faict. Les pilleurs, les emprunteurs
mettent en parade leurs bastiments, leurs achapts, non
pas ce qu'ils tirent d'aultruy; vous ne veoyez pas les
espices[2] d'un homme de parlement; vous veoyez les
alliances qu'il a gaignees, et honneurs à ses enfans : nul
ne met en compte publicque sa recepte, chascun y met
son acquest[3].

L'INSTRUCTION DOIT AVOIR UNE INFLUENCE MORALISATRICE

Le gaing de nostre estude, c'est en estre devenu meilleur et plus sage. C'est, disoit Epicharmus[4], l'entendement qui veoid et qui oyt ; c'est l'entendement qui approu-
fite tout, qui dispose tout, qui agit, qui domine et qui
regne ; toutes aultres choses sont aveugles, sourdes et
sans ame[5]. Certes, nous le rendons servile et couard,
pour ne luy laisser la liberté de rien faire de soy[6]. Qui
demanda jamais à son disciple ce qu'il luy semble de la
rhetorique, de la grammaire, de telle ou telle sentence
de Cicero? On nous les placque en la memoire toutes em-
pennees[7], comme des oracles, où les lettres et les syllabes

1. *Qu'il cele*, c'est-à-dire qu'il s'approprie ce qu'on lui a enseigné,
au point qu'il soit impossible de ne pas le considérer comme son
bien propre.

2. *Espices*, les « émoluments », les « honoraires », primitivement
les cadeaux en nature qui étaient offerts aux juges.

3. Cette phrase est un peu obscure. Montaigne veut dire qu'on est
moins fier de montrer ses livres de recettes, ses cahiers de comptes,
que de faire valoir son gain, ses acquisitions, ses « acquests ».

4. Epicharme, poëte et philosophe pythagoricien, qui vécut en Sicile,
au cinquième siècle avant J.-C., à la cour d'Hiéron, roi de Syracuse.

5. Toutes les autres facultés, mémoire, imagination, sont sans
valeur, si l'entendement, c'est-à-dire le jugement, ne les éclaire et
ne les soutient pas.

6. « Par lui-même ».

7. Mot à mot « toutes emplumées », comme des oiseaux avec toutes

sont de la substance de la chose. Sçavoir par cœur n'est pas sçavoir[1], c'est tenir ce qu'on a donné en garde à sa memoire. Ce qu'on sçait droictement, on en dispose, sans regarder au patron[2], sans tourner les yeulx vers son livre. Fascheuse suffisance, qu'une suffisance pure livresque[3]! Je m'attends qu'elle serve d'ornement, non de fondement; suyvant l'advis de Platon, qui dict : « La fermeté, la foy, la sincerité, estre[4] la vraye philosophie; les aultres sciences, et qui visent ailleurs, n'estre que fard ». Je vouldrois que le Paluël ou Pompee, ces beaux danseurs de mon temps, apprinssent des caprioles à les veoir seulement faire, sans nous bouger de nos places; comme ceulx cy veulent instruire nostre entendement, sans l'esbranler; ou qu'on nous apprinst à manier un cheval, ou une picque, ou un luth, ou la voix, sans nous y exercer; comme ceulx cy nous veulent apprendre à bien juger et à bien parler, sans nous exercer à parler ny à juger[5]. Or, à cet apprentissage, tout ce qui se presente à nos yeulx sert de livre suffisant : la malice d'un page, la sottise d'un valet, un propos de table, ce sont autant de nouvelles matieres[6].

leurs plumes : comparaison hardie pour dire « des pensées qu'on ne dépouille pas de leur enveloppe », c'est-à-dire des mots qui les expriment.

1. La pensée de Montaigne aurait besoin d'être complétée. Sans doute, on ne sait que ce qu'on a compris; mais il y a des choses qu'on ne sait bien qu'à condition de les savoir par cœur : par exemple, certaines formules dans les sciences, certaines règles en grammaire, etc.

2. « Au modèle. »

3. *Suffisance* est pris ici dans le sens de « science, d'instruction ». *Livresque*, qui a vieilli, est un mot à regretter, pour dire « tout ce qui se tire de la lecture des livres ».

4. Montaigne fait ici un latinisme : il retranche le *que* et écrit une proposition infinitive.

5. Excellents conseils sur la nécessité de joindre la pratique à la théorie.

6. Montaigne recommande de véritables leçons de choses. Il veut

UTILITÉ DES VOYAGES ET DE L'ÉTUDE DES LANGUES ÉTRANGÈRES

A cette cause, le commerce des hommes y est merveilleusement propre, et la visite des païs estrangiers[1] : non pour en rapporter seulement, à la mode de nostre noblesse françoise, combien de pas a *Santa Rotonda*[2], ou la richesse des calessons de la signora Livia[3], ou, comme d'aultres, combien le visage de Neron, de quelque vieille ruyne de là, est plus long ou plus large que celuy de quelque pareille medaille ; mais pour en rapporter principalement les humeurs de ces nations et leurs façons, et pour frotter et limer nostre cervelle contre celle d'aultruy. Je vouldrois qu'on commenceast à le promener dez sa tendre enfance ; et premierement, pour faire d'une pierre deux coups, par les nations voysines où le langage est plus esloingné du nostre, et auquel, si vous ne la formez de bonne heure, la langue ne se peult plier[4].

ÉDUCATION PHYSIQUE

Aussi bien estce une opinion receue d'un chascun, que ce n'est pas raison de nourrir un enfant au giron de ses parents[5] : cette amour[6] naturelle les attendrit trop et

que les plus petits incidents de la vie deviennent pour l'enfant des exercices de jugement et des leçons de morale.

1. Les voyages étaient fort en honneur au seizième siècle, et Montaigne lui-même avait quelque peu voyagé.

2. *Santa Rotonda*, le Panthéon, bâti par Agrippa, sous le règne d'Auguste, et devenu une des églises de la Rome moderne.

3. Une dame romaine inconnue, dont Montaigne avait dû entendre parler pendant son voyage en Italie.

4. Montaigne comprend déjà l'importance des langues étrangères et la nécessité de les apprendre de bonne heure, si l'on veut réussir dans cette étude.

5. Montaigne, qui avait connu tour à tour les douceurs de l'éducation domestique et les rigueurs de l'internat, semble donner ici la préférence à l'éducation publique, moins amollissante et plus virile.

6. « Amour » est employé par Montaigne, comme par Amyot et

relasche, voire les plus sages; ils ne sont capables ny de
chastier ses faultes, ny de le veoir nourry grossierement
comme il fault et hazardeusement[1]; ils ne le sçauroient
souffrir revenir suant et pouldreux de son exercice,
boire chauld, boire froid, ny le veoir sur un cheval rebours[2], ny contre un rude tireur le floret au poing, ou la
premiere harquebuse. Car il n'y a remede : qui en veult
faire un homme de bien, sans doubte il ne le fault espar-
gner en cette jeunesse; et fault souvent chocquer les
regles de la medecine :

> Vitamque sub dio, et trepidis agat
> In rebus[3].

Ce n'est pas assez de luy roidir l'ame; il luy fault aussi
roidir les muscles; elle est trop pressee, si elle n'est
secondee[4]; et a trop à faire de, seule, fournir à deux
offices. Je sçais combien ahanne[5] la mienne en compaignie
d'un corps si tendre, si sensible, qui se laisse si fort
aller sur elle; et apperceois souvent, en ma leçon[6],
qu'en leurs escripts mes maistres font valoir, pour magnanimité et force de courage, des exemples qui tiennent
volontiers plus de l'espessissure de la peau et dureté
des os[7].

d'autres auteurs du seizième siécle, tantôt au masculin, tantôt au
féminin.

1. Montaigne, avant Locke, avant Rousseau, préconise les exercices
violents, l'éducation « rustande », comme dira Mᵐᵉ de Sévigné. Il
ne veut pas d'un enfant fluet et délicat, asservi dans tous ses mouvements aux règles prudentes de l'hygiène.

2. *Rebours*, pris adjectivement, qui recule et qui rue.

3. « Qu'il passe sa vie à la belle étoile, qu'il vive au milieu des
alarmes. » (Horace, *Odes*, III, 2, 5.)

4. C'est-à-dire « aidée, soutenue par un corps robuste ».

5. *Ahanne*, mot à mot : « est haletante », équivaut à « se fatigue ».

6 « Dans les écrits que je lis et qui me servent de leçon. »

7. Il est très vrai en effet que le courage dépend en partie de la
force physique.

J'ai veu des hommes, des femmes et des enfans ainsi
nays, qu'une bastonnade leur est moins qu'à moy une
chiquenaude; qui ne remuent, ni langue ny sourcil
aux coups qu'on leur donne : quand les athletes contre-
font les philosophes en patience, c'est plustost vigueur
de nerfs que de cœur. Or, l'accoustumance à porter le
travail est accoustumance à porter la douleur : *labor
callum obducit dolori*[1]. Il le fault rompre à la peine et
aspreté des exercices, pour le dresser à la peine et
aspreté de la dislocation, de la cholique, du cautere[2] et
de la geaule[3] aussi et de la torture : car de ces dernieres
icy, encores peult il estre en prinse[4], qui regardent les
bons, selon le temps[5], comme les meschants : nous en
sommes à l'espreuve ; quiconque combat les loix, menace
les plus gents de bien d'escourgees[6] et de la chorde.

Et puis[7], l'auctorité du gouverneur, qui doibt estre
souveraine sur luy, s'interrompt et s'empesche par la
presence des parents : joinct que ce respect que la famille
luy porte, la cognoissance des moyens et grandeurs de sa
maison, ce ne sont pas, à mon opinion, legieres incom-
moditez en cet aage.

COMMENT IL FAUT PROFITER DU COMMERCE DES HOMMES

En cette eschole du commerce des hommes, j'ay souvent remarqué ce vice, qu'au lieu de prendre cognois-

---

1. « Le travail endurcit à la douleur. » (Cicéron, *Tusculanes*, II, 5.
2. *Cautere*, instrument qu'on fait chauffer pour brûler une plaie
3. *Geaule*, « prison ».
4. « Il peut être aux prises avec la prison, avec la torture. »
5. Allusion aux troubles des guerres de religion du seizième siècle.
Montaign : écrivait ses *Essais* dix ans après la Saint-Barthélemy.
6. *Escourgces*, « fouets faits de plusieurs lanières de cuir ».
7. Montaigne, par une transition un peu leste, revient à son sujet,
c'est-à-dire à l'influence amollissante que l'éducation de la famille
exerce parfois sur les enfants.

sance d'aultruy, nous ne travaillons qu'à la donner de
nous; et sommes plus en peine de debiter nostre
marchandise, que d'en acquerir de nouvelle; le silence
et la modestie sont qualitez tres commodes à la conversation. On dressera cet enfant à estre espargnant et
mesnagier de sa suffisance, quand il l'aura acquise; à ne
se formalizer point des sottises et fables qui se diront en
sa presence : car c'est une incivile importunité de chocquer tout ce qui n'est pas de nostre appetit. Qu'il se
contente de se corriger soy mesme, et ne semble pas
reprocher à aultruy tout ce qu'il refuse à faire, ny con-
traster aux mœurs publicques : *Licet sapere, sine pompa,
sine invidia*[1]. Fuye[2] ces images regenteuses[3] et inciviles,
et cette puerile ambition de vouloir paroistre plus fin, pour
estre aultre; et comme si ce feust marchandise malaysée
que reprehensions[4] et nouvelletez, vouloir tirer de là
nom de quelque peculiere[5] valeur. Comme il n'affiert[6]
qu'aux grands poëtes d'user des licences de l'art, aussi
n'est il supportable qu'aux grandes ames et illustres de
se privilegier au dessus de la coustume. *Si quid Socrates
aut Aristippus contra morem et consuetudinem fecerunt,
idem sibi ne arbitretur licere; magnis enim illi et divinis
bonis hanc licentiam assequebantur*[7]. On luy apprendra
de n'entrer en discours et contestation, que là où il

1. « Il est possible d'être sage sans tirer vanité de sa sagesse, sans
exciter l'envie. » (Sénèque, *Lettres*, etc., CIII.)

2. *Fuye*, pour le subjonctif « qu'il fuie ».

3. *Regenteuses*, « qui sentent le régent, le maitre ».

4. *Reprehensions*, « critiques, réprimandes ».

5. *Peculiere*, « particulière », adjectif tiré du latin *peculiaris*, et
très usité au seizième siècle.

6. *Il affiert*, « il appartient, il convient »; il ne reste du verbe
inusité *afférir*, que l'adjectif *afférent*, « qui se rapporte à ».

7. « Si Socrate et Aristippe ont parfois agi contre les mœurs et la
coutume, ce serait une erreur de croire qu'on en peut faire autant :
car leurs qualités supérieures et divines autorisaient seules chez eux
ces libertés. » (Cicéron, *De Officiis*, I, 41.)

verra un champion digne de sa luicte; et, là mesme, à
n'employer pas touts les tours qui luy peuvent servir,
mais ceulx là seulement qui luy peuvent le plus servir.
Qu'on le rende delicat au chois et triage de ses raisons,
et aymant la pertinence[1], et, par consequent, la briefveté.
Qu'on l'instruise sur tout à se rendre et à quitter[2] les
armes à la verité, tout aussitost qu'il l'appercevra, soit
qu'elle naisse ez mains de son adversaire, soit qu'elle
naisse en luy mesme par quelque radvisement : car il ne
sera pas mis en chaise[3] pour dire un roole prescript; il
n'est engagé à aulcune cause, que parce qu'il l'appreuve :
ny ne sera du mestier où se vend à purs deniers comp-
tans la liberté de se pouvoir repentir et recognoistre[4] :
*neque ut omnia, quæ præscripta et imperata sint, defen-
dat, necessitate ulla cogitur*[5].

DEVOIRS ENVERS LE PRINCE ET L'ÉTAT

Si son gouverneur tient de mon humeur, il luy formera
la volonté à estre tres loyal serviteur de son prince et
tres affectionné et tres courageux[6]; mais il luy refroidira

---

1. *Pertinence*, « la convenance des arguments et des expressions ».
Nous n'avons conservé aujourd'hui que le négatif de ce substantif,
« impertinence ».

2. *Quitter les armes*, « rendre les armes ».

3. *En chaise*, c'est-à-dire « en chaire », pour y parler comme un
professeur ou un prédicateur.

4. C'est-à-dire où l'on aliène à prix d'argent sa liberté, où l'on ab-
dique le pouvoir de revenir sur une résolution antérieure : allusion
aux vœux monastiques.

5. « Aucune nécessité ne l'oblige à défendre tout ce qu'on voudra
lui prescrire et lui ordonner. » (Cicéron, *Académiques*, II, 3.)

6. « Donnons à l'ordre politique, dit ailleurs Montaigne, de souf
frir patiemment des rois indignes, de celer leurs vices, d'aider à
nostre recommandation leurs actions indifferentes, pendant que leur
auctorité a besoin de notre appui. » (Livre III, ch. IV.) Mais, dans
d'autres passages, Montaigne tient un langage tout autre et d'une

l'envie de s'y attacher aultrement que par un debvoir publicque[1]. Oultre plusieurs aultres inconvenients qui blecent nostre liberté par ces obligations particulieres, le jugement d'un homme gagé et achetté, ou il est moins entier et moins libre, ou il est taché[2] et d'imprudence et d'ingratitude. Un pur courtisan ne peult avoir ny loy ny volonté de dire et penser que favorablement d'un maistre qui, parmi tant de milliers d'aultres sujets, l'a choisi pour le nourrir et eslever de sa main; cette faveur et utilité corrompent, non sans quelque raison, sa franchise, et l'esblouïssent; pourtant[3] veoid on coustumierement le langage de ces gens là divers à tout aultre langage dans un estat[4], et de peu de foy en telle matiere.

IL FAUT AVOIR LE COURAGE D'AVOUER SES ERREURS

Que sa conscience et sa vertu reluisent en son parler, et n'ayent que la raison pour conduicte. Qu'on luy face entendre que de confesser la faulte qu'il descouvrira en son propre discours, encores qu'elle ne soit apperceue que par luy, c'est un effect de jugement et de sincerité, qui sont les principales parties qu'il cherche[5]; que l'opiniastrer[6] et contester sont qualitez communes, plus appa-

grande hardiesse : « A le prendre exactement, un roi n'a proprement rien sien; il se doit soy mesme à autruy ».

1. Montaigne avait peu fréquenté la cour, mais il avait été conseiller au Parlement de Bordeaux. En 1581 il fut élu maire de Bordeaux. En 1571, à l'âge de trente-huit ans, il s'était retiré dans son château du Périgord, « ennuyé depuis longtemps de l'esclavage des cours et des emplois publics ».

2. *Taché*, « entaché ».

3. *Pourtant*, dans le sens de « par conséquent, partant ».

4. « Les courtisans parlent un autre langage que les autres citoyens. »

5. C'est-à-dire les principales qualités auxquelles il doit viser.

6. *L'opiniastrer*, pris substantivement, « l'entêtement ».

rentes aux plus basses ames ; que se r'adviser et se corriger, abandonner un mauvais party sur le cours de son ardeur, ce sont qualitez rares, fortes et philosophiques[1]. On l'advertira, estant en compaignie, d'avoir les yeulx par tout[2] : car je treuve que les premiers sieges sont communement saisis par les hommes moins capables, et que les grandeurs de fortune ne se treuvent gueres meslees à la suffisance : j'ay veu, cependant[3] qu'on s'entretenoit, au hault bout d'une table de la beauté d'une tapisserie ou du goust de la malvoisie[4], se perdre beaucoup de beaux traicts à l'autre bout. Il sondera la portee d'un chascun : un bouvier, un masson, un passant[5], il fault tout mettre en besongne, et emprunter chascun selon sa marchandise : car tout sert en mesnage ; la sottise mesme et foiblesse d'aultruy lui sera instruction ; à contrerooler les graces et façons d'un chascun, il s'engendrera envie des bonnes, et mespris des mauvaises.

OBSERVATION DES CHOSES

Qu'on luy mette en fantasie une honneste curiosité de s'enquerir de toutes choses : tout ce qu'il y aura de singulier autour de luy, il le verra ; un bastiment, une fon-

---

1. Montaigne, avec le désordre habituel de ses développements revient ici sur l'idée qu'il a développée à la page précédente, à savoir : qu'il ne faut pas s'entêter dans son opinion, et qu'on doit « rendre les armes à la vérité ».

2. C'est-à-dire « de se rendre compte de tout ce qui se passe autour de soi, de ne pas écouter seulement les propos de son voisin ».

3. « Pendant que. »

4. Vin grec renommé.

5. Ce passage, qui a trait à l'observation des choses et à l'étude des hommes, ouvre déjà le développement qui va se continuer au paragraphe suivant.

taine, un homme, le lieu d'une bataille ancienne, le passage de Cesar ou de Charlemagne[1] :

> Quæ tellus sit lenta gelu, quæ putris ab æstu;
> Ventus in Italiam quis bene vela ferat[2];

il s'enquerra des mœurs, des moyens et des alliances de ce prince, et de celuy là : ce sont choses tres plaisantes à apprendre, et tres utiles à sçavoir[3].

COMMENT IL FAUT ÉTUDIER LES ANCIENS

En cette practique des hommes, j'entends y comprendre, et principalement[4], ceulx qui ne vivent qu'en la memoire des livres : il practiquera, par le moyen des histoires, ces grandes ames des meilleurs siecles[5]. C'est un vain estude[6], qui veult; mais qui veult aussi, c'est un estude

---

1. En effet, pour l'éducation intellectuelle de l'enfant, rien ne vaut l'observation personnelle des choses. Montaigne veut que la leçon sorte non toute faite des livres, mais vivante et réelle des faits qui provoquent la curiosité de l'enfant, qui appellent ses réflexions. L'esprit de la méthode des leçons de choses est déjà tout entier dans ce passage, qui doit être rapproché d'un passage précédent (p. 44).

2. « Quelle contrée est engourdie par le froid, quelle autre brûlée par le soleil; quel vent propice pousse les vaisseaux vers l'Italie. » (Properce, IV, m, 39.)

3. Montaigne associe l'idée de l'éducation attrayante à celle de l'instruction utile. Il veut qu'on enseigne les choses qu'il y a profit à connaître, et qu'en les enseignant on s'arrange de façon à ce qu'il y ait plaisir à les apprendre.

4. Il faut noter le « principalement », qui prouve que Montaigne ne songe pas, comme le fera plus tard Rousseau, à supprimer les livres dans l'éducation.

5. Descartes dira dans le même sens : « La lecture de tous les bons ivres est comme une conversation avec les plus honnêtes gens des siècles passés qui en ont été les auteurs, et même une conversation étudiée, en laquelle ils ne nous découvrent que le meilleur de leurs pensées ».

6. *Estude* est employé ordinairement au masculin par les auteurs du seizième siècle.

de fruict inestimable, et le seul estude, comme dict Platon[1], que les Lacedemoniens eussent reservé à leur part. Quel proufit ne fera il, en cette part là, à la lecture des *Vies* de nostre Plutarque[2]? Mais que mon guide[3] se souvienne où vise sa charge; et qu'il n'imprime pas tant à son disciple la date de la ruyne de Carthage, que les mœurs de Hannibal et de Scipion; ny tant où mourut Marcellus, que pourquoy il feut indigne de son debvoir qu'il mourust là[4]. Qu'il ne luy apprenne pas tant les histoires, qu'à en juger[5]. C'est, à mon gré, entre toutes, la matiere à laquelle nos esprits s'appliquent de plus diverse mesure : j'ay leu en Tite Live cent choses que tel n'y a pas leu; Plutarque y en a leu cent, oultre ce que j'y ay sçeu lire, et, à l'adventure, oultre ce que l'aucteur y avoit mis[6] : à d'aulcuns, c'est un pur estude grammairien[7]; à d'aultres, l'anatomie de la philosophie[8], par laquelle les plus abstruses parties de nostre nature se penetrent. Il y a dans Plutarque beaucoup de discours estendus tres dignes d'estre sçeus :

1. Dans le dialogue intitulé *le Grand Hippias*, ch. iv.

2. En disant *notre Plutarque*, Montaigne ne veut pas seulement exprimer son admiration personnelle pour l'historien grec : il rappelle aussi que Plutarque était devenu français par la traduction d'Amyot, qui date de 1559. Plutarque a toujours été en honneur dans notre littérature. Rousseau lui-même, si sévère aux livres, semble faire grâce aux *Vies* de Plutarque (*Émile*, l. IV).

5. C'est-à-dire « le gouverneur de mon élève ».

4. Marcellus, victime d'une imprudence, mourut dans une embuscade près de Venouse (208 av. J.-C.).

5. Montaigne a raison de penser que, dans l'étude de l'histoire, l'explication des événements, la connaissance des caractéres sont choses qui importent encore plus que les dates et la description des faits en eux-mêmes.

6. Montaigne recommande ici la vraie manière de lire, qui consiste à interpréter, à comprendre, au besoin à critiquer et à reviser les pensées des auteurs qu'on étudie.

7. *Grammairien*, pris adjectivement dans le sens de « grammatical, littéral ».

8. C'est-à-dire « une analyse philosophique des idées », par opposition à une lecture qui ne serait que l'étude des mots.

car, à mon gré, c'est le maistre ouvrier de telle besongne ; mais il y en a mille qu'il n'a que touchez simplement : il guigne[1] seulement du doigt par où nous y irons, s'il nous plaist ; et se contente quelquefois de ne donner qu'une attaincte dans le plus vif d'un propos. Il les fault arracher de là, et mettre en place marchande[2] ; comme ce sien mot : « Que les habitants d'Asie servoient[3] à un seul, pour ne sçavoir prononcer une seule syllabe, qui est, Non[4] », donna peult estre la matiere et l'occasion à La Boëtie[5] de sa Servitude volontaire. Cela mesme de luy[6] veoir trier une legiere action, en la vie d'un homme, ou un mot, qui semble ne porter pas cela, c'est un discours. C'est dommage que les gents d'entendement ayment tant la briefveté : sans doubte leur reputation en vault mieux ; mais nous en valons moins[7]. Plutarque ayme mieulx que nous le vantions de son jugement, que de son sçavoir ; il ayme mieulx nous laisser desir de soy, que satieté : il sçavoit qu'ez choses bonnes mesme on peult trop dire ; et que Alexandridas reprocha justement à celuy qui tenoit aux Éphores des bons propos, mais trop longs :

1. *Guigner*, « faire signe ». Montaigne veut dire que Plutarque n'exprime pas toujours toute sa pensée : il laisse à son lecteur le soin de la compléter.

2. C'est-à-dire « mettre très en vue », dans un endroit où l'acheteur aperçoit facilement la marchandise.

3. *Servoient*, « obéissaient » à un seul maître, à un pouvoir despotique.

4. Montaigne pense que ce fut cette phrase de Plutarque, tirée de l'opuscule intitulé *De la mauvaise honte*, qui inspira à la Boétie son *Discours sur la servitude volontaire*, ou *le Contre-Un*. Elle pouvait en tout cas servir d'épigraphe à cet ouvrage.

5. La Boétie, compatriote et ami de Montaigne, né à Sarlat en 1530, mort à 33 ans en 1563. On sait quelle affection lui avait vouée Montaigne. Voyez le célèbre chapitre sur l'amitié (livre I, ch. xxvii).

6. *Luy*, se rapporte à Plutarque.

7. On retrouve ici la manière ordinaire de Montaigne : il oublie on sujet et se laisse aller à une digression sur les défauts et les ualités des auteurs dont le style est bref et concis.

« O estrangier, tu dis ce qu'il fault aultrement qu'il ne fault[1]. » Ceulx qui ont le corps graile[2], le grossissent d'embourrures[3]; ceulx qui ont la matiere exile[4] l'enflent de paroles.

FRÉQUENTATION DU MONDE ET ÉTUDE DES HOMMES

Il se tire une merveilleuse clarté pour le jugement humain, de la frequentation du monde[5] : nous sommes touts contraincts[6] et amoncelez en nous, et avons la veue raccourcie à la longueur de notre nez[6]. On demandoit à Socrates d'où il estoit : il ne respondit pas, d'Athenes; mais, du monde[7]; luy, qui avoit l'imagination plus pleine et plus estendue, embrassoit l'univers comme sa ville, jectoit ses cognoissances, sa societé et ses affections à tout le genre humain; non pas comme nous, qui ne regardons que soubs nous[8]. Quand les vignes gelent en mon village, mon prebstre en argumente l'ire de Dieu[9] sur la race humaine, et juge que la pepie[10] en tienne desjà les Cannibales. A veoir nos guerres civiles, qui ne crie que

1. Ceci est encore une citation de Plutarque : *Apophtegmes des Lacédémoniens : Alexandridas*, § 2. Le texte d'Amyot dit : *Tu n'uses pas quand il le fault, de ce qu'il fault.*

2. *Graile*, « grêle, maigre ».

3. *Embourrures*, vieux mot pour dire des vêtements fortement rembourrés qui dissimulent la maigreur.

4. *Exile*, vieux mot, du latin *exilis*, « menu, grêle ».

5. Montaigne revient à son sujet : l'utilité de la fréquentation des hommes et de l'étude du monde.

6. *Contraincts*, du latin *contractus*, « resserré ».

7. Cité par Cicéron, *Tusculanes*, V, 37, et aussi dans Plutarque, *de l'Exil*, IV.

8. C'est-à-dire « à nos pieds ».

9. « ... en conclut que Dieu est en colère »; *ire*, de *ira*, « colère », inusité aujourd'hui ; de là viennent *irascible, irriter.*

10. *La pepie*, maladie qui vient sur la langue des animaux et qui les empêche de boire. « Les Cannibales sont sur le point de mourir de soif. »

cette machine se bouleverse, et que le jour du jugement nous prend au collet? sans s'adviser que plusieurs pires choses se sont veues, et que les dix mille parts du monde ne laissent pas de galler[1] le bon temps ce pendant : moy, selon leur licence et impunité, admire de les[2] veoir si doulces et molles. A qui il gresle sur la teste, tout l'hemisphere semble estre en tempeste et orage; et disoit le Savoiard que « Si ce sot de roy de France eust sçeu bien conduire sa fortune, il estoit homme pour devenir maistre d'hostel de son duc » : son imagination ne concevoit aultre plus eslevee grandeur que celle de son maistre[3]. Nous sommes insensiblement[4] touts en cette erreur : erreur de grande suitte et prejudice. Mais qui se presente comme dans un tableau cette grande image de nostre mere nature en son entiere majesté ; qui lit en son visage une si generale et constante varieté ; qui se remarque là dedans, et non soy, mais tout un royaume, comme un traict d'une poincte tres delicate, celuy là seul estime les choses selon leur juste grandeur[5].

Ce grand monde, que les uns multiplient encores comme especes soubs un genre[6], c'est le mirouer où il

---

1. *Galler*, verbe fréquemment usité dans l'ancienne langue, pour dire « se réjouir, prendre du bon temps » ; nous en avons gardé *galant, gala*.

2. *Les* se rapporte à « nos guerres civiles ».

3. Montaigne imagine plaisamment un Savoyard qui ne voyait pas au monde de situation plus brillante que celle de maître d'hôtel du duc de Savoie. Le duc de Savoie, Emmanuel-Philibert, avait remporté la victoire de Saint-Quentin; par le traité de Cateau-Cambrésis, en 1559, il avait recouvré tous ses États, et transporté le siège de son gouvernement de Chambéry à Turin.

4. *Insensiblement*, c'est-à-dire « sans nous en douter, sans le savoir ».

5. C'est l'idée que Pascal, qui avait beaucoup lu Montaigne, reprendra, avec une éloquence égale et avec des expressions analogues, dans le fameux morceau : « Que l'homme contemple donc la nature entière dans sa haute et pleine majesté. Que la terre lui apparaisse comme un point.... » (*Pensées*, art. Ier.)

6. Montaigne évoque ici l'idée de l'immensité de l'univers; la terre

nous fault regarder, pour nous cognoistre de bon biais.
Somme[1], je veulx que ce soit le livre de mon escholier.
Tant d'humeurs, de sectes, de jugements, d'opinions, de
loix et de coustumes, nous apprennent à juger sainement
des nostres, et apprennent nostre jugement à recognoistre
son imperfection et sa naturelle foiblesse; qui n'est pas
un legier apprentissage : tant de remuements d'estat et
changements de fortune publicque nous instruisent à ne
faire pas grand miracle de la nostre; tant de noms, tant
de victoires et conquestes ensepvelies soubs l'oubliance[2],
rendent ridicule l'esperance d'eterniser nostre nom par
la prinse de dix argoulets et d'un pouiller[3] qui n'est
cogneu que de sa cheute : l'orgueil et la fierté de tant
de pompes estrangieres, la majesté si enflee de tant de
courts et de grandeurs, nous fermit et asseure la veue
à soustenir l'esclat des nostres, sans ciller[4] les yeulx :
tant de milliasses[5] d'hommes enterrez avant nous nous
encouragent à ne craindre d'aller trouver si bonne
compaignie en l'aultre monde; ainsi du reste. Nostre
vie, disoit Pythagoras[6], retire à[7] la grande et populeuse

n'est qu'une espèce dans le genre planète, la planète une espèce dans
le genre étoile.

1. *Somme*, « en résumé, en somme »; c'est la même forme qu'emploie Rabelais quand il dit à son élève : « Somme que je voye un
abysme de science » (*Lettre de Gargantua à Pantagruel*).

2. *Oubliance*, « oubli ».

3. C'est-à-dire : « de dix mauvais soldats et d'un poulailler ». — *Argoulet*, « arquebusier à cheval », soldat de second ordre : par suite,
homme de néant.

4. *Ciller*, « fermer les yeux en abaissant les cils »; *dessiller* se
dit encore aujourd'hui dans le sens contraire, pour « ouvrir les
yeux ».

5. *Milliasse*, synonyme, aujourd'hui inusité, de *trillion*; ici, « un
très grand nombre ».

6. Pythagore, philosophe grec, chef d'une des grandes écoles de
philosophie de l'antiquité (vi⁰ siècle av. J.-C.). C'est à Cicéron (*Tusculanes*, V, m) que Montaigne emprunte cette comparaison, qui a été
reprise par Rousseau (*Émile*, l. IV).

7. *Retire à...*, « ressemble à ».

assemblee des jeux olympiques : les uns s'y exercent le corps, pour en acquerir la gloire des jeux ; d'aultres y portent des marchandises à vendre, pour le gaing ; il en est, et qui ne sont pas les pires[1], lesquels n'y cherchent aultre fruict que de regarder comment et pourquoy chasque chose se faict, et estre spectateurs de la vie des aultres hommes, pour en juger, et regler la leur.

ÉTUDE DE LA MORALE

Aux exemples se pourront proprement assortir touts les plus proufitables discours de la philosophie[2], à laquelle se doibvent toucher les actions humaines, comme à leur regle. On luy dira :

> Quid fas optare, quid asper
> Utile nummus habet ; patriæ carisque propinquis
> Quantum elargiri deceat ; quem te Deus esse
> Jussit, et humana qua parte locatus es in re ;
> Quid sumus, aut quidnam victuri gignimur[3].....

que c'est que sçavoir et ignorer, qui doibt estre le but de l'estude ; que c'est que vaillance, temperance et justice ;

1. Montaigne veut que son élève soit de ceux-là, « qui ne sont pas les pires », qui assistent aux événements sans s'y mêler, mais qui les jugent en philosophes. C'est à peu près le mot de Descartes : « ... Spectateur plutôt qu'acteur dans les comédies qui se jouent dans ce monde ».

2. C'est des « exemples », c'est-à-dire des actions des hommes, des événements de l'histoire, que Montaigne veut faire sortir les leçons morales de la philosophie. Il est toujours fidèle à sa méthode, qui est de placer l'exemple avant le précepte. La philosophie dont il parle ici n'est pas autre chose que la morale.

3. « Ce qu'il est permis de désirer ; quel profit on peut tirer de l'argent rude à gagner ; ce qu'on doit faire pour la patrie et pour ses proches bien-aimés ; ce que Dieu a voulu que l'homme fût sur la terre, et à quel rang il l'a placé parmi les humains ; ce que nous sommes, et pour quelle existence nous sommes mis au monde. » (Perse, III, 69.)

ce qu'il y a à dire entre l'ambition et l'avarice, la servitude et la subjection, la licence et la liberté; à quelles
marques on cognoist le vray et solide contentement;
jusques où il fault craindre la mort, la douleur et la
honte :

Et quo quemque modo fugiatque feratque laborem[1];

quels ressorts nous meuvent, et le moyen de tant de
divers bransles en nous : car il me semble que les premiers discours dequoy on luy doibt abruver l'entendement, ce doibvent estre ceulx qui reglent ses mœurs et
son sens[2]; qui luy apprendront à se cognoistre, et à sçavoir
bien mourir et bien vivre. Entre les arts liberaux,
commenceons par l'art qui nous faict libres[3] : elles[4]
servent toutes voirement[5], en quelque maniere, à l'instruction de nostre vie et à son usage, comme toutes
aultres choses y servent en quelque maniere aussi; mais
choisissons celle qui y sert directement et professoirement[6]. Si nous sçavions restreindre les appartenances[7] de
nostre vie à leurs justes et naturels limites, nous trouve-
rions que la meilleure part des sciences qui sont en
usage est hors de nostre usage; et en celles mesmes

1. « Et de quelle façon nous devons éviter ou supporter les cha-
grins. » (Virgile, *Énéide*, III, v. 459.)

2. Il est de plus en plus évident, d'après ce passage, que par « philosophie » Montaigne entend seulement la morale.

3. Montaigne remarque avec raison que les arts *libéraux* devraient
nous apprendre avant tout « à être libres ».

4. Montaigne emploie le mot *art* au féminin; *libéraux*, qui se
trouve à la ligne précédente, est au féminin, cet adjectif n'ayant
alors qu'une forme au pluriel. Voyez de même plus bas les *naturels
limites*.

5. *Voirement*, « véritablement ».

6. *Professoirement*, expression qui ne se rencontre que chez Montaigne et qui veut dire « professionnellement ».

7. *Les appartenances*, « les fonctions », tout ce qui appartient à
une chose, tout ce qui en dépend.

qui le sont, qu'il y a des estendues et enfonceures[1] tres
inutiles que nous ferions mieulx de laisser là; et, suyvant l'institution de Socrates[2], borner le cours de nostre
estude en icelles où fault l'utilité :

Sapere aude,
Incipe : vivendi recte qui prorogat horam,
Rusticus expectat dum defluat amnis; at ille
Labitur, et labetur in omne volubilis ævum[3].

C'est une grande simplesse[4] d'apprendre à nos enfants,

Quid moveant Pisces, animosaque signa Leonis,
Lotus et Hesperia quid Capricornus aqua[5];

la science des astres et le mouvement de la huictiesme
sphere[6], avant que les leurs propres :

Τί Πλειάδεσσι κἀμοί;
Τί δ' ἄστρασιν Βοώτεω[7];

Anaximenes[8] escrivant à Pythagoras : « De quel sens puis
je m'amuser au secret des estoiles, ayant la mort ou la

1. Joli mot tombé en désuétude : « des enfoncements, des profon-
deurs ».
2. Socrate recommandait en effet à ses disciples de laisser de
côté toutes les sciences spéculatives qui n'ont pas d'utilité pratique,
et de se consacrer exclusivement aux études morales et politiques.
3. « Ose être sage; commence : celui qui ajourne le moment de
vivre en honnête homme ressemble au villageois qui attend, pour
passer, que le fleuve soit écoulé; mais le fleuve coule, et, roulant
toujours, coulera éternellement. » (Horace, *Ép.* II, i, 40.)
4. *Simplesse*, « simplicité ».
5. « Quelle est l'influence des Poissons, du signe enflammé du
Lion, du Capricorne qui se plonge dans la mer occidentale. » (Properce, IV, i, 89.)
6. On sait combien le moyen âge abusait des recherches d'astro-
logie.
7. « Que m'importent les Pléiades et les étoiles du Bouvier? »
(Anacréon, *Odes*, XVII, 10.)
8. Anaximène, philosophe grec du sixième siècle av. J.-C.

servitude tousjours presente aux yeulx? » car lors les
roys de Perse preparoient la guerre contre son païs.
Chascun doibt dire ainsin[1] : « Estant battu d'ambition,
d'avarice, de temerité, de superstition, et ayant au dedans
tels aultres ennemis de la vie, iray je songer au bransle
du monde[2]? »

AUTRES ÉTUDES

Aprez qu'on luy aura apprins ce qui sert à le faire plus
sage et meilleur[3], on l'entretiendra que c'est que logique,
physique, geometrie, rhetorique; et la science qu'il choisira, ayant desjà le jugement formé, il en viendra bien-
tost à bout. Sa leçon se fera tantost par devis[4], tantost
par livre : tantost son gouverneur luy fournira de l'aucteur mesme, propre à cette fin de son institution; tantost
il luy en donnera la moelle et la substance toute
maschee[5]; et si, de soy mesme il n'est assez familier des
livres pour y trouver tant de beaux discours qui y sont,
pour l'effect de son desseing, on luy pourra joindre quelque homme de lettres qui à chaque besoing fournisse
les munitions qu'il fauldra, pour les distribuer et dis-
penser à son nourrisson. Et que cette leçon ne soit plus
aysee et naturelle que celle de Gaza[6], qui y peult faire

1. *Ainsin*, « ainsi », avec un *n* euphonique.
2. Montaigne pousse trop loin le dédain des hautes études et des
sciences désintéressées. Les préoccupations pratiques ne doivent pas
nous faire méconnaître l'intérêt qui s'attache aux nobles recherches
de la science pure.
3. Montaigne vient de montrer qu'avant tout il convient de former
le jugement et les mœurs de l'enfant. Il va dire maintenant un mot
des études proprement dites; mais il ne s'y arrêtera pas et reviendra
presque tout de suite à ce qui le préoccupe plus que tout le reste, à
l'éducation morale.
4. Montaigne tient beaucoup à l'enseignement oral, donné « par
conversation ».
5. Tantôt il lui fera connaître le texte même du livre, tantôt il ne
lui en donnera que la substance.
6. Théodore de Gaza, né à Thessalonique, fondateur de l'université

doubte? Ce sont là preceptes espineux et mal plaisants, et des mots vains et descharnez, où il n'y a point de prinse, rien qui vous esveille l'esprit[1] : en cette cy[2] l'ame treuve où mordre et où se paistre. Ce fruict est plus grand sans comparaison, et si sera plustost meury.

L'ÉTUDE DE LA PHILOSOPHIE EST ACCESSIBLE AUX ENFANTS

C'est grand cas que les choses en soyent là en nostre siecle, que la philosophie[3] soit, jusques aux[4] gents d'entendement, un nom vain et fantastique, qui se treuve de nul usage et de nul prix, par opinion et par effect. Je croy que ces ergotismes[5] en sont cause, qui ont saisi ses avenues. On a grand tort de la peindre inaccessible aux enfants, et d'un visage renfrogné, sourcilleux et terrible : qui me l'a masquee de ce faulx visage, pasle et hideux? Il n'est rien plus gay, plus gaillard, plus enjoué, et à peu que je ne die[6] follastre; elle ne presche que feste et bon temps : une mine triste et transie montre que ce n'est pas là son giste[7]. Deme-

de Ferrare, mort en 1478; auteur d'une grammaire grecque fort obscure et fort difficile pour des commençants.

1. Montaigne observe avec raison que les règles de la grammaire sont choses abstraites, qu'elles ne nourrissent pas l'esprit, n'ayant rapport qu'à la forme du langage.

2. C'est-à-dire « en cette leçon », dans la méthode d'enseignement telle que l'a déjà définie Montaigne.

3. Toujours, bien entendu, la philosophie morale et la science des devoirs.

4. *Jusques aux*, « même pour les gents d'entendement ».

5. *Ergotismes*, du mot latin *ergo*, « donc », conjonction qui précède la conclusion de tout raisonnement; « ergotisme » veut dire par conséquent abus du raisonnement, abus des arguments en forme, tels que les pratiquait la scolastique.

6. « Il s'en faut de peu que je ne dise. »

7. Montaigne va trop loin. Ailleurs il parlera un tout autre langage et reconnaîtra que la vraie morale n'a rien de si enjoué et de si fo-

trius le grammairien[1] rencontrant, dans le temple de Delphes, une troupe de philosophes assis ensemble, il leur dict : « Ou je me trompe, ou, à vous veoir la contenance si paisible et si gaye, vous n'estes pas en grand discours entre vous » ; à quoy l'un d'eux, Heracleon le Megarien, respondit : « C'est à faire à ceulx qui cherchent si le futur du verbe βάλλω a double λ[2], ou qui cherchent la derivation des comparatifs χεῖρον et βέλτιον, et des superlatifs χείριστον et βέλτιστον[3], qu'il fault rider le front s'entretenant de leur science ; mais, quant aux discours de la philosophie, ils ont accoustumé d'esgayer et resjouir ceulx qui les traictent, non les renfrogner et contrister. »

> Deprendas animi tormenta latentis in ægro
> Corpore ; deprendas et gaudia ; sumit utrumque
> Inde habitum facies[4].

CARACTÈRES DE LA VRAIE PHILOSOPHIE

L'ame qui loge la philosophie doibt, par sa santé, rendre sain encores le corps ; elle doibt faire luire

lâtre. Il dira, par exemple, au livre II, ch. xi : « La vertu refuse la facilité pour compaigne ; la vertu demande un chemin aspre et espineux ». Il n'est pas possible de se contredire plus complètement. Mais Montaigne n'y regarde pas de si près et, selon la fantaisie du moment, il parle tantôt en stoïcien, tantôt, comme ici, en épicurien complaisant et facile.

1. Demetrius, auteur peu connu, dont Plutarque, qui sert constamment de guide à Montaigne, parle dans son opuscule *Des Oracles qui ont cessé*, ch. v.

2. Le futur du verbe grec βάλλω, « je lance », est βαλῶ, avec un seul λ.

3. C'est-à-dire « qui cherchent d'où dérivent les comparatifs χείρον, pire, et βέλτιον, mieux, et les superlatifs χείριστον et βέλτιστον ».

4. « On devine les tourments de l'âme renfermée dans un corps malade, aussi bien que la joie ; la physionomie réfléchit ces diverses impressions de l'âme. » (Juvénal, *Satires*, IX, 18.)

jusques au dehors son repos et son aise; doibt former à son moule le port exterieur, et l'armer, par consequent, d'une gratieuse fierté, d'un maintien actif et alaigre[1]; et d'une contenance contente et debonnaire. La plus expresse marque de la sagesse, c'est une esjouissance[2] constante; son estat est, comme des choses au dessus de la lune, toujours serein[3] : c'est *Baroco* et *Baralipton*[4], qui rendent leurs supposts[5] ainsi crottez et enfumez; ce n'est pas elle : ils ne la cognoissent que par ouyr dire. Comment? elle faict estat de sereiner[6] les tempestes de l'ame, et d'apprendre la faim et les fiebvres à rire[7], non par quelques epicycles imaginaires[8], mais par raisons naturelles et palpables; elle a pour son but la vertu, qui n'est pas, comme dict l'eschole[9], plantee à la teste d'un mont coupé, rabotteux et inaccessible; ceulx qui l'ont approchee la tiennent, au rebours, logee dans une belle

1. *Alaigre*, « allègre ».
2. *Esjouissance*, de « esjouir », mots archaïques; nous n'avons conservé que « jouissance » et « jouir ».
3. Vieilles idées de l'astronomie puérile de ce temps-là.
4. *Baroco* et *Baralipton* sont deux modes du syllogisme. La vieille logique scolastique distinguait dix-neuf modes concluants; chacun était représenté par un mot, de formation factice, où les voyelles seules ont un sens : elles désignent le caractère affirmatif ou négatif, particulier ou universel, des propositions qui constituent le syllogisme : *Baroco* est un syllogisme où la majeure est affirmative universelle (A) et où les deux autres propositions (mineure et conclusion) sont négatives particulières (O).
5. *Leurs supposts*, c'est-à-dire les logiciens, les philosophes qui soutiennent les vieilles formes de la logique scolastique. Montaigne veut dire qu'on a rendu la philosophie rebutante par l'abus des mots techniques et d'une terminologie pédantesque.
6. *Sereiner*, dans le sens de « rendre serein, rasséréner ».
7. Inversion, pour « apprendre à rire de la faim ».
8. *Epicycles imaginaires* : l'épicycle était un cercle, imaginé par l'ancienne astronomie, et dont le centre parcourt la circonférence d'un cercle plus grand. Montaigne fait allusion ici aux influences que les astrologues attribuaient aux astres.
9. C'est-à-dire la philosophie scolastique, la philosophie de l'école.

plaine fertile et fleurissante, d'où elle veoid bien soubs
soy toutes choses; mais si[1] peult on y arriver, qui[2] en
sçait l'addresse, par des routes ombrageuses, gazonnees et
doux fleurantes[3], plaisamment, et d'une pente facile et
polie, comme est celle des voultes celestes. Pour n'avoir
hanté cette vertu supreme, belle, triumphante, amou-
reuse, delicieuse pareillement et courageuse, ennemie
professe[4] et irreconciliable d'aigreur, de desplaisir, de
crainte et de contraincte, ayant pour guide nature, fortune et volupté pour compaignes; ils sont allez, selon
leur foiblesse, feindre cette sotte image, triste, querel-
leuse, despite[5], menaceuse, mineuse[6], et la placer sur
un rocher à l'escart, emmy[7] des ronces : fantosme à
estonner les gents[8].

IL FAUT FAIRE AIMER LA VERTU

Mon gouverneur, qui cognoist debvoir remplir la
volonté de son disciple autant ou plus d'affection que de
reverence envers la vertu, luy sçaura dire que les poetes
suyvent les humeurs communes[9], et luy faire toucher
au doigt que les dieux ont mis plustost la sueur aux

1. *Mais si,* « mais cependant ».
2. *Qui,* forme très vive au lieu de « quand on... ».
3. « Qui exhalent de doux parfums ».
4. *Professe,* « qui fait profession de... ».
5. *Despite,* aujourd'hui « dépitée, pleine de dépit ».
6. *Mineuse,* du latin *minax,* « menaçante ».
7. *Emmy,* « parmi », *in medio,* « au milieu de ».
8. « Montaigne qui parle si bien de modération et qui met la sagesse dans le milieu, en sort ici, à sa manière : son talent d'écrivain
triomphe plus que tout en cette espèce d'hymne passionné qu'il en-
tonne à sa fabuleuse sagesse. Je ne sais quelle verve d'expression
l'emporte et quelle fureur de poésie le ravit et le ravage. » (Sainte-
Beuve, *Port-Royal,* t. II, p. 423.)
9. Les poètes qui chantent la vertu et qui la peignent sous des
traits agréables, suivent l'opinion commune.

advennes[1] des cabinets de Venus que de Pallas. Et quand il commencera de se sentir, luy presentant Bradamante ou Angelique[2], pour maistresse à jouyr; et d'une beaulté naïfve, active, genereuse, non hommasse, mais virile, au prix d'une beaulté[3] molle, affettee, delicate, artificielle; l'une travestie en garson, coiffee d'un morion[4] luisant; l'aultre vestue en garse[5], coiffee d'un attifet[6] emperlé : il jugera masle son amour mesme, s'il choisit tout diversement à cet effeminé pasteur de Phrygie[7].

Il luy fera cette nouvelle leçon : Que le prix et haulteur de la vraye vertu est en la facilité, utilité et plaisir de son exercice; si esloingné de difficulté, que les enfants y peuvent comme les hommes, les simples comme les subtils. Le reglement[8], c'est son util, non pas la force. Socrates, son premier mignon[9], quitte à escient[10] sa force, pour glisser en la naïfveté et aysance de son progrez. C'est la mere nourrice des plaisirs humains : en les rendant justes, elle les rend seurs[11] et purs; les moderant, elle les tient en haleine et en appetit; retranchant ceulx qu'elle refuse, elle nous

---

1. Vénus symbolise les passions, Minerve la sagesse; et Montaigne veut dire que la satisfaction des passions est plus pénible que la pratique de la vertu.

2. Héroïnes du poème de l'Arioste, *Roland furieux*.

3. « En araison d'une beauté. »

4. *Mori* spéce de casque.

5. *Garse*, anciennement, féminin de *garçon*.

6. *Attifet*, inusité aujourd'hui, « parure ». On dit encore *attifer*, « parer ».

7. Pâris, qui s'éprit d'Hélène.

8. *Le reglement*, c'est-à-dire « la mesure, la modération ». Montaigne prétend que l'outil, l'instrument de la vertu, c'est la modération dans les plaisirs, non l'effort et la résistance. Tout ce passage est d'un épicurien qui ne croit pas nécessaire de lutter contre la passion, qui veut qu'on lui cède, avec discrétion, il est vrai; qui croit enfin que plaisir et vertu sont même chose.

9. « Le premier favori de la sagesse. »

10. *A escient*, « le sachant bien, à bon escient ».

11. *Seurs*, « sûrs »; l'accent circonflexe a remplacé l'e supprimé.

aiguise envers céulx qu'elle nous laisse ; et nous laisse
abondamment touts ceulx que veult nature, et jusques à
la satieté, sinon jusques à la lasseté[1], maternellement :
si d'adventure[2] nous ne voulons dire que le regime qui
arreste le beuveur avant l'yvresse, le mangeur avant la
crudité[3], le paillard avant la pelade, soit ennemy de nos
plaisirs. Si la fortune commune luy fault[4], elle[5] luy eschappe, ou elle s'en passe, et s'en forge une aultre, toute
sienne, non plus flottante et roulante. Elle sçait estre
riche[6], et puissante, et sçavante, et coucher en des ma-
telatz musquez ; elle ayme la vie, elle ayme la beaulté,
et la gloire, et la santé ; mais son office propre et particulier, c'est sçavoir user de ces biens là regleement[7],
et les sçavoir perdre constamment[8] ; office bien plus
noble qu'aspre, sans lequel tout cours de vie est des-
naturé, turbulent et difforme, et y peult on justement
attacher ces escueils, ces halliers, et ces monstres[9].

Si ce disciple se rencontre de si diverse condition,
qu'il ayme mieulx ouyr une fable, que la narration d'un
beau voyage, ou un sage propos, quand il l'entendra ;
qui, au son du tabourin[10] qui arme la jeune ardeur
de ses compaignons, se destourne à un aultre qui l'appelle au jeu des batteleurs ; qui, par souhait, ne treuve

---

1. *Lasseté*, vieux mot pour « lassitude, fatigue extrême ».

2. « A moins que par hasard nous ne voulions entendre ».

3. « Avant l'indigestion », qui fait rejeter les aliments crus pour
ainsi dire, non digérés.

4. *Luy fault*, « lui manque, fait défaut à l'homme vertueux ».

5. *Elle*, c'est-à-dire la vertu, qui sait se passer de la fortune et
trouve en elle-même son contentement.

6. La vertu ne dédaigne pas les biens du monde, mais elle sait
se consoler de leur perte.

7. *Regleement*, « avec ordre et mesure ».

8. *Constamment*, « avec constance, avec fermeté ».

9. C'est-à-dire les difficultés dont les philosophes prétendent à
tort que le chemin de la vertu est obstrué, et qui ne se rencontrent
réellement que dans le cours des passions déréglées.

10. « Du tambour », qui appelle les soldats aux armes.

plus plaisant et plus doulx revenir pouldreux et victorieux d'un combat, que de la paulme ou du bal, avecques le prix de cet exercice : je n'y treuve aultre remede, sinon qu'on le mette pastissier dans quelque bonne ville[1], feust il fils d'un duc ; suyvant le precepte de Platon : « Qu'il fault colloquer les enfants, non selon les facultez de leur pere, mais selon les facultez de leur ame[2] »

IL FAUT APPRENDRE LA PHILOSOPHIE DE BONNE HEURE

Puisque la philosophie est celle qui nous instruit à vivre, et que l'enfance y a sa leçon comme les aultres aages, pourquoy ne la luy communique lon?

> Udum et molle lutum est; nunc, nunc properandus, et acri
> Fingendus sine fine rota[3].

On nous apprend à vivre quand la vie est passee. Cent escholiers ont prins quelque vilain mal, avant que d'estre arrivez à leur leçon d'Aristote « De la Temperance ». Cicero[4] disoit que, quand il vivroit la vie de deux hommes, il ne prendroit pas le loisir d'estudier les poëtes lyriques ; et je treuve ces ergotistes[5] plus triste-

---

1. Montaigne a corrigé ici son texte primitif, qui était : « Je n'y treuve aultre remede, sinon que de bonne heure son gouverneur l'estrangle, s'il est sans temoings. » Montaigne a jugé lui-même que la plaisanterie était un peu forte, et, au lieu de demander qu'on étrangle cet enfant indigne et efféminé, il se contente de souhaiter qu'on en fasse un pâtissier.

2. Pensée très démocratique, puisque Montaigne déclare qu'il faut tenir compte, non du titre nobiliaire et de la fortune des parents, mais des dispositions individuelles de chaque enfant.

3. « L'argile est molle et humide; allons, allons, hâtons-nous, et, sans perdre de temps, façonnons-la sur la roue. » (Perse, *Satires*, III, 23.)

4. Dans un passage cité par Sénèque (*Lettre* XLIX), d'après la *République* de Cicéron.

5. « Ces logiciens faiseurs d'arguments. »

ment encores inutiles. Nostre enfant est bien plus pressé :
il ne doibt au paidagogisme[1] que les premiers quinze
ou seize ans de sa vie ; le demourant est deu à l'action.
Employons un temps si court aux instructions necessaires. Ce sont abus : ostez toutes ces subtilitez espi-
neuses de la dialectique, dequoy nostre vie ne se peult
amender ; prenez les simples discours de la philosophie,
sçachez les choisir et traicter à point : ils sont plus aysez
à concevoir qu'un conte de Boccace[2] ; un enfant en est
capable au partir de la nourrice, beaucoup mieulx que
d'apprendre à lire ou escrire[3]. La philosophie a des
discours pour la naissance des hommes, comme pour la
decrepitude.

Je suis de l'advis de Plutarque, qu'Aristote n'amusa
pas tant son grand disciple[4] à l'artifice de composer
syllogismes, ou aux principes de geometrie, comme à
l'instruire des bons preceptes touchant la vaillance,
prouesse, la magnanimité et temperance, et l'asseurance
de ne rien craindre ; et avecques cette munition il l'envoya encores enfant subjuguer l'empire du monde à tout[5]
trente mille hommes de pied, quatre mille chevaulx, et
quarante deux mille escus seulement. Les aultres arts et
sciences, dict il, Alexandre les honoroit bien, et louoit
leur excellence et gentillesse ; mais, pour plaisir qu'il y
prinst, il n'estoit pas facile à se laisser surprendre à
l'affection de les vouloir exercer.

Petite hinc, juvenesque senesque,
Finem animo certum, miserisque viatica canis[6].

1. *Paidagogisme,* « le cours des études », la scolarité, comme on
dirait aujourd'hui.
2. Boccace, célébre conteur italien (1313-1375).
3. Quelque simples qu'on imagine les leçons de la morale, d'ailleurs facile et aisée, que rève Montaigne, il est difficile de souscrire
ici à son jugement.
4. Alexandre le Grand.
5. « Ayant en tout. »
6. « Tirez de là, jeunes gens et vieillards, une règle certaine pour

C'est ce que dict Epicurus[1], au commencement de sa
lettre à Meniceus : « Ny le plus jeune refuye à philosopher, ny le plus vieil s'y lasse[2] ». Qui faict aultrement,
il semble dire, ou qu'il n'est pas encores saison d'heureusement vivre, ou qu'il n'en est plus saison.

IL FAUT ÉVITER L'EXCÈS DANS L'ÉTUDE

Pour tout cecy, je ne veulx pas qu'on emprisonne ce
garson[3]; je ne veulx pas qu'on l'abandonne à la cholere
et humeur melancholique d'un furieux maistre d'eschole;
je ne veulx pas corrompre son esprit à le tenir à la
gehenne[4] et au travail, à la mode des aultres, quatorze
ou quinze heures par jour[5], comme un portefaix; ny ne
trouverois bon, quand, par quelque complexion solitaire
et melancholique, on le verroit adonné, d'une application trop indiscrette, à l'estude des livres, qu'on la luy
nourrist : cela les rend ineptes à la conversation civile[6],
et les destourne de meilleures occupations[7]. Et combien
ay je veu, de mon temps, d'hommes abestis par teme-

votre âme, et des provisions de voyage pour l'âge triste des che-
veux blancs. » (Perse, *Satires*, V, 64.)

1. Au témoignage de Diogène Laerce, *Vies des Philosophes*,
livre X.

2. La philosophie est de tous les âges, comme Montaigne l'a déjà
dit plusieurs fois.

3. Après cette longue digression sur la philosophie morale, Montaigne revient un instant à l'éducation. Il va disserter sur la discipline. Ici il semble disposé à condamner absolument l'internat. Mais
au paragraphe suivant il reprendra encore sa dissertation sur la
philosophie.

4. *Gehenne*, « gêne ».

5. Montaigne parle ici comme le feraient de nos jours les ennemis
du surmenage.

6. « A la vie sociale. »

7. Montaigne craint l'abus des livres et demande pour son élève
beaucoup d'exercices, des jeux et la fréquentation des hommes et
des choses.

raire avidité de science? Carneades[1] s'en trouva si affollé, qu'il n'eut plus le loisir de se faire le poil et les ongles. Ny ne veulx gaster ses mœurs genereuses par l'incivilité et barbarie d'aultruy. La sagesse françoise a esté anciennement en proverbe, pour une sagesse qui prenoit de bonne heure, et n'avoit gueres de tenue[2]. A la verité, nous veoyons encores qu'il n'est rien si gentil que les petits enfants en France; mais ordinairement ils trompent l'esperance qu'on en a conceue ; et, hommes faicts, on n'y veoid aulcune excellence : j'ay ouy tenir à gents d'entendement, que ces colleges où on les envoye, dequoy ils ont foison, les abrutissent ainsi[3].

LA PHILOSOPHIE SE MÊLE A TOUT

Au nostre[4], un cabinet, un jardin, la table et le lict, la solitude, la compaignie, le matin et le vespre[5], toutes heures luy seront unes, toutes places luy seront estude : car la philosophie, qui, comme formatrice des jugements et des mœurs, sera sa principale leçon, a ce privilège de se mesler par tout. Isocrates[6] l'orateur estant prié en un festin de parler de son art, chascun treuve qu'il eut raison de respondre : « Il n'est pas maintenant temps de ce que

1. Au lieu de citer des hommes de son temps, ce qui l'aurait entraîné peut-être à des personnalités désagréables, Montaigne aime mieux rappeler l'exemple des philosophes anciens.

2. « De suite, de durée. »

3. Montaigne a raison, en partie, dans ses attaques contre les études mal conduites de son temps. La vieille méthode scolastique avait certainement pour effet d'étouffer l'imagination, les grâces naturelles de l'esprit. Il ne faut pas oublier pourtant que les enfants tiennent de leur âge des grâces particulières, que le progrès de la vie, sans parler de l'influence des études, tend nécessairement à faire disparaître.

4. « A notre élève. »

5. « Le soir », en latin *vesper*, d'où « vêpres », office du soir.

6. Isocrate, célèbre orateur grec (436-338 av. J.-C.).

je sçay faire; et ce dequoy il est maintenant temps, je ne le sçay pas faire[1] » : car de presenter des harangues ou des disputes de rhetorique à une compaignie assemblee pour rire et faire bonne chere, ce seroit un meslange de trop mauvais accord; et autant en pourroit on dire de toutes les aultres sciences. Mais, quant à la philosophie, en la partie où elle traicte de l'homme et de ses debvoirs et offices, ç'a esté le jugement commun de touts les sages, que, pour la doulceur de sa conversation, elle ne debvoit estre refusee ny aux festins ny aux jeux : et Platon l'ayant invitee à son « Convive[2] », nous veoyons comme elle entretient l'assistance, d'une façon molle et accommodee au temps et au lieu, quoyque ce soit de ses plus haults discours et plus salutaires.

> Æque pauperibus prodest, locupletibus æque;
> Et neglecta, æque pueris senibusque nocebit[3].

Ainsi, sans doubte, il choumera[4] moins que les aultres. Mais, comme les pas que nous employons à nous promener dans une galerie, quoyqu'il y en ait trois fois autant, ne nous lassent pas comme ceulx que nous mettons à quelque chemin desseigné : aussi nostre leçon, se passant comme par rencontre, sans obligation de temps et de lieu, et se meslant à toutes nos actions, se coulera sans se faire sentir[5]; les jeux mesmes et les exercices

1. En d'autres termes, une dissertation sur la rhétorique n'est pas à sa place dans un banquet. Il est difficile d'accorder à Montaigne qu'il en soit autrement d'un discours sur la philosophie.
2. Le *Convive*, dans le sens de banquet. *Le Banquet* est le titre d'un dialogue célèbre de Platon.
3. « Elle est également utile aux riches et aux pauvres ; négligée, elle fait tort également aux jeunes gens et aux vieillards. » (Horace, *Epitres*, I, 1, 25.)
4. *Il choumera*, il se reposera moins que les autres, trouvant toujours une occasion d'exercer son jugement.
5. Joli passage sur le caractère d'un enseignement qui, n'ayant rien de didactique, s'insinue insensiblement dans l'esprit sans le fatiguer.

seront une bonne partie de l'estude[1] ; la course, la luicte[2],
la musique, la danse, la chasse, le maniement des chevaulx et des armes. Je veulx que la bienseance exterieure,
et l'entregent[3], et la disposition de la personne, se fa-
çonne quand et quand[4] l'ame. Ce n'est pas une ame, ce
n'est pas un corps, qu'on dresse; c'est un homme : il n'en
fault pas faire à deux; et, comme dict Platon[5], il ne fault
pas les dresser l'un sans l'aultre, mais les conduire
egualement, comme une couple de chevaulx attelez à
mesme timon; et, à l'ouyr[6], semble il pas prester plus
de temps et plus de solicitude aux exercices du corps, et
estimer que l'esprit s'en exerce quand et quand, et non
au contraire?

CRITIQUE DE LA DISCIPLINE DES COLLÉGES

Au demourant, cette institution se doibt conduire, par
une severe doulceur, non comme il se faict : au lieu de
convier les enfants aux lettres, on ne leur presente, à la
verité, que horreur et cruauté[7]. Ostez moy la violence et
la force : il n'est rien, à mon advis, qui abastardisse et
estourdisse si fort une nature bien nee. Si vous avez
envie qu'il craigne la honte et le chastiement, ne l'y endurcissez pas : endurcissez le à la sueur et au froid, au
vent, au soleil, et aux hazards qu'il luy fault mespriser :
ostez luy toute mollesse et delicatesse au vestir et
coucher, au manger et au boire; accoustumez le à tout:

1. Montaigne rattache ici à la philosophie, qui est un exercice
moral, les exercices du corps.
2. « La lutte. »
3. *L'entregent*, « le savoir-faire, le savoir-vivre »
4. « En tout temps. »
5. Dans le dialogue intitulé *la Timée*.
6. « A entendre Platon. »
7 Tout ce passage est une critique très vive de la discipline des inter-
nats, trop sévère parfois au temps de Montaigne, comme aujourd'hui.

que ce ne soit pas un beau garson et dameret, mais un
garson vert et vigoreux[1]. Enfant, homme, vieil, j'ay
tousjours creu et jugé de mesme. Mais, entre aultres
choses, cette police de la pluspart de vos colleges m'a
tousjours despleu; on eust failly, à l'adventure, moins
dommageablement, s'inclinant vers l'indulgence. C'est
une vraye geaule de jeunesse captive : on la rend des-
bauchee, l'en punissant avant qu'elle le soit. Arrivez y
sur le poinct de leur office[2]; vous n'oyez que cris, et d'enfants suppliciez, et de maistres enyvrés en leur cholere.
Quelle maniere pour esveiller l'appetit envers leur leçon,
à ces tendres ames et craintifves, de les y guider d'une
trongne effroyable, les mains armees de fouets[3]! Inique
et pernicieuse forme! joinct, ce que Quintilian[4] en a tres
bien remarqué, que cette imperieuse auctorité tire des
suittes perilleuses, et nommeement à nostre façon de
chastiement. Combien leurs classes seroient plus decem-
ment jonchees de fleurs et de feuillees, que de tronçons
d'osier sanglants! J'y ferois pourtraire la Joye, l'Alai-
gresse, et Flora, et les Graces[5], comme feit en son eschole

---

1. Locke, dans la première partie des *Pensées sur l'Éducation*,
développe les mêmes idées sur la nécessité d'une éducation virile,
qui endurcisse le corps.

2. C'est-à-dire « au moment où les élèves travaillent ».

3. Rabelais s'exprime avec la même vivacité sur le même sujet.
« Ne pensez pas, fait-il dire à son précepteur Ponocrate, que j'aye mis
vostre fils au collège de pouilleric, qu'on nomme Montagu : mieulx
l'eusse voulu mettre en e les gueux de Saint-Innocent, pour
l'enorme cruaulté et villenie que j'y ay cognu; car trop mieulx sont
traitez les forcez (forçats) entre les Maures et Tartares, les meur-
triers en la maison criminelle, voyre certes les chiens en vostre
maison, que ne sont ces malautruz audict college. Et si j'estois roy
de Paris, le diable m'en porte si je ne mettoys le feu dedans, et feroys
brusler et principal et regent, qui endurent cette inhumaineté devant
leurs yeulx estre exercée. » (*Gargantua*, liv. I, ch. xxxvii.)

4. Quintilien, dans son traité sur l'*Institution oratoire*; *Quintilian*
est la forme latine, dérivée immédiatement de *Quintilianus*.

5. Montaigne, dans son ardeur à réagir contre « la geaule de jeu-

le philosophe Speusippus[1]. Où est leur proufit, que là feust[2] aussi leur esbat : on doibt ensucrer les viandes salubres à l'enfant, et enfieller celles qui luy sont nuisibles. C'est merveille combien Platon se montre soingneux, en ses « Loix », de la gayeté et passetemps de la jeunesse de sa cité; et combien il s'arreste à leurs courses, jeux, chansons, saults et danses, desquelles il dict que l'antiquité a donné la conduicte et le patronnage aux dieux mesmes, Apollon, aux Muses et Minerve : il s'estend à mille preceptes pour ses gymnases; pour les sciences lettrees, il s'y amuse fort peu, et semble ne recommander particulierement la poësie que pour la musique.

NÉCESSITÉ D'AGUERRIR LE CORPS

Toute estrangeté et particularité en nos mœurs et conditions est evitable, comme ennemie de societé. Qui ne s'estonneroit de la complexion de Demophon[3], maistre d'hostel d'Alexandre, qui suoit à l'umbre, et trembloit au soleil? J'en ay veu fuyr la senteur des pommes, plus que les harquebuzades; d'aultres s'effrayer pour une souris; d'aultres rendre la gorge à veoir de la cresme; d'aultres à veoir brasser un lict de plume; comme Germanicus[4] ne pouvoit souffrir ny la veue ny le chant des coqs. Il y peult avoir, à l'adventure, à cela quelque propriété oc-

nesse captive », se laisse aller à imaginer, avec quelque exagération, des maisons d'éducation qui seraient de véritables lieux de délices. Les modernes ont profité des avis de Montaigne en construisant des écoles aérées, confortables, saines, sinon luxueuses, et en y mettant sous les yeux des élèves les représentations de l'art.

1. Speusippe, philosophe grec, succéda à Platon dans la direction de l'Académie (mort en 339 av. J.-C.).

2. Sous-entendu : *Je vouldrois* (que là feust aussi leur esbat).

3. D'après Sextus Empiricus, *Hypotyposes pyrrhoniennes*, I, 14.

4. Germanicus, célèbre général romain, qui fut adopté par l'empereur Tibère.

culte; mais on l'esteindroit, à mon advis, qui s'y prendroit de bonne heure. L'institution a gaigné cela sur moy
(il est vray que ce n'a point esté sans quelque soing),
que, sauf la biere, mon appetit est accommodable indifferemment à toutes choses dequoy on se paist[1].

Le corps est encores soupple; on le doibt, à cette cause,
plier à toutes façons et coustumes[2]; et, pourveu qu'on
puisse tenir l'appetit et la volonté soubs boucle[3], qu'on
rende hardiement un jeune homme commode à toutes
nations et compaignies, voire au desreglement et aux
excez, si besoing est[4]. Son exercitation suive l'usage :
qu'il puisse faire toutes choses, et n'ayme à faire que les
bonnes. Les philosophes mesmes ne treuvent pas louable
en Callisthenes[5] d'avoir perdu la bonne grace du grand
Alexandre, son maistre, pour n'avoir voulu boire d'autant
à luy. Il rira, il follastrera, il se desbauchera avecques
son prince. Je veulx qu'en la desbauche mesme il surpasse
en vigueur et en fermeté ses compaignons; et qu'il ne
laisse à faire le mal ny à faulte de force ny de science,
mais à faulte de volonté : *Multum interest, utrum peccare*

1. « On se nourrit. »

2. Quoi qu'en dise Montaigne, il est des choses contraires à
notre constitution et auxquelles le corps ne peut s'accoutumer. C'est
le cas de rappeler l'histoire de Pierre le Grand. Pierre le Grand
pensa un jour qu'il conviendrait que tous les marins prissent
l'habitude de boire de l'eau salee. Aussitôt il promulgua un édit qui
ordonnait que tous les aspirants marins ne boiraient désormais
que de l'eau de mer. Les enfants moururent tous, et l'expérience
en resta là.

3. C'est-à-dire « bouclé, enchaîné ».

4. On ne saurait accepter sur ce point l'opinion de Montaigne,
opinion qu'il va accentuer encore dans le passage suivant. Il n'est
pas possible d'admettre, sous prétexte d'eguerrir le corps, que la dé-
bauche et l'ivrognerie soient choses à autoriser, et même, comme
le veut notre philosophe épicurien, à encourager chez les jeunes
gens.

5. Callisthéne (505-328 av. J.-C.), philosophe grec, disciple et neveu
d'Aristote.

aliquis nolit, an nesciat[1]. Je pensois faire honneur à un seigneur aussi esloingné de ces desbordements qu'il en soit en France, de m'enquerir à luy, en bonne compaignie, combien de fois en sa vie il s'estoit enyvré pour la necessité des affaires du roy, en Allemaigne : il le print de cette façon ; et me respondit que c'estoit trois fois, lesquelles il recita[2]. J'en sçay qui, à faulte de cette faculté, se sont mis en grand peine, ayants à practiquer cette nation[3]. J'ay souvent remarqué avecques grande admiration la merveilleuse nature d'Alcibiades[4], de se transformer si aysement à des façons si diverses, sans interest de sa santé ; surpassant tantost la sumptuosité et pompe persienne, tantost l'austerité et frugalité lacedemonienne ; autant reformé[5] à Sparte, comme voluptueux en Ionie[6].

Omnis Aristippum decuit color, et status, et res[7].

Tel vouldrois je former mon disciple.

... Quem duplici panno patientia velat,
Mirabor, vitæ via si conversa decebit,
Personamque feret non inconcinnus utramque[8].

---

1. « Il y a une grande différence entre ne vouloir pas et ne savoir pas faire le mal. » (Sénèque, *Lettres*, etc., CX.)

2. Nous dirions aujourd'hui « il raconta » ou « il cita ».

3. Montaigne aime à rire, et il se divertit ici aux dépens des Allemand .

4. Alcibiade, né à Athènes vers 450 av. J.-C., célèbre par la souplesse de son caractère et la légèreté de ses mœurs.

5. *Reformé*, c'est-à-dire « ayant réformé ses mœurs et corrigé ses vices ».

6. L'Ionie, c'est-à-dire les parties de la Grèce, continent ou îles, habitées par les Grecs ioniens.

7. « Aristippe sut s'accommoder de tout état et de toute fortune. » (Horace, *Epîtres*, 1, 17.)

8. « J'admirerai l'homme qui ne rougit pas d'être couvert d'un double haillon, qui se fait aux changements de la vie, et qui joue les deux rôles avec grâce. » (Horace, *Epître*, 1, 17.)

L'ÉDUCATION TEND A L'ACTION

Voicy mes leçons : Celuy là y a mieulx proufité, qui les faict[1], que qui les sçait. Si vous le veoyez, vous l'oyez; si vous l'oyez, vous le veoyez. Ja à dieu ne plaise, dict quelqu'un en Platon[2], que philosopher ce soit apprendre plusieurs choses, et traicter les arts! *Hanc amplissimam omnium artium bene vivendi disciplinam, vitæ magis, quam litteris, persecuti sunt[3]!* Leon, prince des Phliasiens, s'enquerant à Heraclides Ponticus de quelle science, de quelle art il faisoit profession : « Je ne sçay, dict il, ny art ny science; mais je suis philosophe[4]. » On reprochoit à Diogenes comment, estant ignorant, il se mesloit de la philosophie : « Je m'en mesle, dict il, d'autant mieulx à propos ». Hegesias le prioit de luy lire quelque livre : « Vous estes plaisant, luy respondit il : vous choisissez les figues vrayes et naturelles, non peinctes; que ne choisissez vous aussi les exercitations naturelles, vrayes, et non escriptes[5]? »

Il[6] ne dira pas tant sa leçon, comme il la fera; il la repetera en ses actions : on verra s'il y a de la prudence en ses entreprinses; s'il y a de la bonté, de la justice en ses

---

1. « Qui les met en pratique. »
2. Dans le dialogue intitulé *Les Rivaux.*
3. « Ils se sont initiés, par leur vie, plutôt que par les lettres, à la plus précieuse de toutes les sciences, qui est celle de bien vivre. » (Cicéron, *Tusculanes,* IV, 3.)
4. « Ce n'est pas Héraclide de Pont, mais Pythagore qui fit cette réponse à Léon, prince des Phliasiens; mais c'est d'un livre d'Héraclide, disciple de Platon, que Cicéron a tiré ce fait, comme il nous l'apprend dans ses *Tusculanes,* V, 3 : *Ut scribit auditor Platonis Ponticus Heraclides.* Platon ne vint au monde que plus de cent ans après Pythagore. » (Note de l'édition de Coste.)
5. D'après Diogène Laërce, l. VI, 48.
6. *Il,* c'est-à-dire « mon élève ».

deportements [1] ; s'il a du jugement et de la grace en son parler, de la vigueur en ses maladies, de la modestie en ses jeux, de la temperance en ses voluptez, de l'ordre en son œconomie [2], de l'indifference en son goust, soit chair, poisson, vin ou eau : *Qui disciplinam suam non ostentationem scientiæ, sed legem vitæ putet; quique obtemperet ispe sibi, et decretis pareat* [3]. Le vray mirouer de nos discours est le cours de nos vies. Zeuxidamus respondit à un qui luy demanda pourquoy les Lacedemoniens ne redigeoient par escript les ordonnances de la prouesse, et ne les donnoient à lire à leurs jeunes gents, « Que c'estoit parce qu'ils les vouloyent accoustumer aux faicts, non pas aux paroles [4] ». Comparez, au bout de quinze ou seize ans, à cettui cy un de ces latineurs [5] de college, qui aura mis autant de temps à n'apprendre simplement qu'à parler. Le monde n'est que babil ; et ne veis jamais homme qui ne die plustost plus, que moins qu'il ne doibt. Toutesfois la moitié de nostre aage s'en va là : on nous tient quatre ou cinq ans à entendre les mots et les coudre en clauses [6]; encores autant à en proportionner un grand corps, estendu en quatre ou cinq parties [7]; aultres cinq, pour le moins, à les sçavoir briefvement mesler et entrelacer de quelque subtile façon : laissons le à ceulx qui en font profession expresse.

1. *Deportements*, « manière d'agir, bonne ou mauvaise ».

2. *Œconomie*, « administration de sa fortune ».

3. « En homme qui considère son éducation, non comme un étalage de sciences, mais comme la règle pratique de sa vie, qui obéit à lui-même et à ses principes. » (Cicéron, *Tusculanes*, II, 4.)

4. D'après Plutarque : *Apophtegmes des Lacédémoniens*.

5. « Latinistes. »

6. *En clauses*, c'est-à-dire « en paroles, en phrases ». Cinq années, dit Montaigne, sont consacrées à l'étude de la grammaire, cinq autres à la rhétorique, cinq autres à la logique.

7. Il s'agit des diverses parties d'un discours : l'exorde, l'exposition, la confirmation, la péroraison, etc.

L'ÉDUCATION DOIT FORMER DES HOMMES, NON DES SPÉCIALISTES

Allant un jour à Orleans[1], je trouvay dans cette plaine, au deça de Clery, deux regents[2] qui venoyent à Bourdeaux, environ à cinquante pas l'un de l'aultre : plus loing derrière eux je veoyois une troupe, et un maistre en teste, qui estoit feu monsieur le comte de la Rochefoucault. Un de mes gents s'enquit au premier de ces regents, qui estoit ce gentilhomme, qui venoit aprez luy: luy, qui n'avoit pas veu ce train qui le suyvoit, et qui pensoit qu'on luy parlast de son compaignon, respondit plaisamment : « Il n'est pas gentilhomme, c'est un grammairien; et je suis logicien ». Or, nous qui cherchons icy, au rebours, de former, non un grammairien ou logicien, mais un gentilhomme[3], laissons les abuser de leur loisir : nous avons affaire ailleurs. Mais que nostre disciple soit bien pourveu de choses, les paroles ne suyvront que trop; il les traisnera, si elles ne veulent suyvre. J'en oy[4] qui s'excusent de ne se pouvoir exprimer, et font contenance d'avoir la teste pleine de plusieurs belles choses, mais, à faulte d'eloquence, ne les pouvoir mettre en evidence : c'est une baye[5]. Sçavez vous, à mon

1. Sous forme d'anecdote, Montaigne exprime ici cette idée que l'éducation doit tendre à développer toutes les facultés, et non à faire des spécialistes.

2. *Regent*, « professeur ».

3. Gentilhomme, dit Montaigne; le dix-septième siècle dira honnête homme, Rousseau plus simplement l'homme. Mais, au fond, l'idée est la même : il s'agit de substituer à la culture spéciale l'éducation génerale.

4. « J'en entends. »

5. « C'est une tromperie. » Quoi qu'en dise Montaigne, il n'est pas donné à tous les esprits, même aux meilleurs, d'exposer avec la même facilité, avec la même éloquence, leurs pensées et leurs conceptions intérieures.

advis, que c'est que cela? ce sont des ombrages[1] qui leur viennent de quelques conceptions informes, qu'ils ne peuvent desmesler et esclaircir au dedans, ny par consequent produire au dehors; ils ne s'entendent pas encores eulx mesmes : et veoyez les un peu begayer sur le poinct de l'enfanter, vous jugez que leur travail n'est point à l'accouchement, mais à la conception, et qu'ils ne font que leicher cette matiere imparfaicte. De ma part, je tiens, et Socrates l'ordonne, que qui a dans l'esprit une vifve imagination et claire, il la produira, soit en bergamasque[2], soit par mines, s'il est muet :

Verbaque prævisam rem non invita sequentur[3].

INSUFFISANCE DES RÈGLES DE LA RHÉTORIQUE

. Et comme disoit celuy là, aussi poëtiquement en sa prose, *quum res animum occupavere, verba ambiunt*[4]; et cet aultre, *ipsæ res verba rapiunt*[5]. Il ne sait pas ablatif, conjunctif, substantif, ny la grammaire : ne faict pas son laquais[6], ou une harangiere du Petit pont ; et si[7], vous

1. C'est-à-dire des « obscurités ».
2. « En italien de Bergame. »
3. Horace, *Art poétique*, V, 311. Boileau a traduit cette pensée dans ces deux vers bien connus :

> Ce que l'on conçoit bien s'énonce clairement,
> Et les mots pour le dire arrivent aisément.
> (Art poétique, liv. I, v. 153.)

4. « Quand les choses ont saisi l'esprit, les mots viennent en foule. » (Sénèque, *Controverses*, III.)
5. « Les choses entraînent les paroles. » (Cicéron, *De Finibus*, III, 5.)
6. Ici le verbe *faire* est synonyme de « savoir ». Le sens est : « Mon laquais, ou une *harangière* du Petit pont ne le sait pas non plus ».
7. *Et si*, « et cependant... ».

entretiendront tout votre saoul, si vous en avez envie, et
se desferreront aussi peu, à l'adventure, aux regles de
leur langage, que le meilleur maistre ez arts de France. Il ne
sçait pas la rhetorique, ny, pour avant jeu, capter la
benevolence du candide lecteur [1] ; ny ne luy chault [2] de
le sçavoir. De vray, toute cette belle peincture s'efface
aysement par le lustre d'une verité simple et naïfve : ces
gentillesses ne servent que pour amuser le vulgaire, incapable de prendre la viande plus massive et plus ferme :
comme Aper montre bien clairement chez Tacitus [3]. Les
ambassadeurs de Samos estoient venus à Cleomenes, roy
de Sparte, preparez d'une belle et longue oraison, pour
l'esmouvoir à la guerre contre le tyran Polycrates ; aprez
qu'il les eut bien laissez dire, il leur respondit : « Quant
à vostre commencement et exorde, il ne m'en souvient
plus, ny par consequent du milieu ; et quant à vostre conclusion, je n'en veulx rien faire ». Voylà une belle res-
ponse, ce me semble, et des harangueurs bien camus !
Et quoy cet aultre ? Les Atheniens estoient à choisir de
deux architectes à conduire une grande fabrique : le premier, plus affetté [4], se presenta avecques un beau discours premedité sur le subject de cette besongne, et
tiroit le jugement du peuple à sa faveur ; mais l'aultre
en trois mots : « Seigneurs Atheniens, ce que celluy a
dict, je le feray [5] ». Au fort de l'eloquence de Cicero,
plusieurs en entroient en admiration ; mais Caton, n'en
faisant que rire : « Nous avons, disoit il, un plaisant

---

1 C'est une règle de rhétorique que l'exorde d'un discours doit
être insinuant et disposé de manière à capter la bienveillance des
auditeurs.

2. « Il n'a pas souci de.... »

3. Dans le *Dialogue des orateurs* (ch. xix), attribué à Tacite ; Aper
est un des personnages du dialogue.

4. *Plus affetté*, « plus affecté », par opposition à la simplicité de
l'autre orateur.

5. D'après Plutarque, *Instruction pour ceux qui manient les
affaires de l'Etat* (ch. iv).

consul[1]. » Aille devant ou aprez[2], une utile sentence, un
beau traict, est toujours de saison : s'il n'est pas bien
pour ce qui va devant, ny pour ce qui vient aprez, il est
bien en soy.

DE LA POÉSIE

Je ne suis pas de ceulx qui pensent la bonne rhythme
faire le bon poëme[3] : laissez luy allonger une courte syllabe, s'il veult; pour cela, non force[4] : si les inventions y
rient, si l'esprit et le jugement y ont bien faict leur office, voylà un bon poëte, diray je, mais un mauvais versi-
ficateur :

> Emunctæ naris, durus componere versus[5].

Qu'on face, dict Horace, perdre à son ouvrage toutes ses
coustures et mesures,

> Tempora certa modosque, et, quod prius ordine verbum est,
> Posterius facias, præponens ultima primis....
> Invenias etiam disjecti membra poetæ[6] :

il ne se dementira point pour cela; les pieces mesmes

1. D'après Plutarque encore, *Vie de Caton*, 31.
2. Montaigne est trop complaisant, et cela ne doit pas étonner
de la part d'un écrivain aussi désordonné, pour le manque de composition et d'ordre dans la suite des pensées.
3. Montaigne témoigne ici, à propos des règles de la poétique, le
même dédain qu'il vient de manifester pour les règles de la rhétorique. Il se soucie peu des fautes de quantité. Ce qu'il demande à
la poésie, ce n'est pas la richesse des rimes, c'est l'invention et la
beauté des vers. Il y a évidemment exagération dans la pensée de
Montaigne. La versification ne fait pas la poésie, mais il n'en est
pas moins cependant indispensable que le poète connaisse les règles
de la versification et sache s'y astreindre.
4. *Force*, dans le sens de « nécessité ».
5. « Il a de l'esprit, mais ses vers sont négligés. » (Horace, *Satires*, I, iv, 8.)
6. « Otez-en le rythme et la mesure, changez l'ordre des mots,

en seront belles. C'est ce que respondit Menander[1], comme on le tansast, approchant le jour auquel il avoit promis une comedie, de quoy il n'y avoit encores mis la main : « Elle est composee et preste ; il ne reste qu'à y adjouster les vers » : ayant les choses et la matiere disposee en l'ame, il mettoit en peu de compte le demourant[2]. Depuis que Ronsard[3] et du Bellay[4] ont donné credit à nostre poësie françoise, je ne veois si petit apprenti qui n'enfle des mots, qui ne renge les cadences à peu prez comme eux : *Plus sonat, quam valet*[5]. Pour le vulgaire, il ne feut jamais tant de poëtes ; mais, comme il leur a esté bien aysé de representer leurs rhythmes, ils demeurent bien aussi court à imiter les riches descriptions de l'un, et les delicates inventions de l'aultre[6].

CRITIQUE DES RÈGLES DE LA LOGIQUE

Voire mais, que fera il[7], si on le presse de la subtilité sophistique de quelque syllogisme? « Le jambon faict boire ; le boire desaltere : parquoy le jambon desaltere[8]. » Qu'il

vous retrouverez encore le poëte dans ses membres dispersés. » (Horace, *Satires*, I, iv, 58.)

1. D'après Plutarque : *Si les Athéniens ont été plus excellents dans les armes que dans les lettres*, ch. iv. Ménandre, poëte comique grec.

2. *Le demourant*, « le reste », c'est-à-dire « la forme, la versification ».

3. Ronsard, le chef de la Pléiade, qui tenta de renouveler la poésie française par l'imitation des anciens (1534-1585).

4. Joachim du Bellay, poëte du seizième siècle (1524-1560), surnommé l'*Ovide français*, à cause de la facilité de ses vers.

5. « Il y a dans ce qu'il dit plus de bruit que de sens. » (Sénèque, *Lettres*, etc., XL.)

6. *L'un* est Ronsard, *l'autre*, du Bellay.

7. « Que fera notre élève? »

8. Exemples de syllogismes ridicules, qui n'ont aucun sens au fond, mais qui sont conformes aux règles de la logique.

s'en mocque : il est plus subtil de s'en mocquer que d'y respondre. Qu'il emprunte d'Aristippus[1] cette plaisante contrefinesse : « Pourquoy le deslieray je, puisque tout lié il m'empesche[2] ? » Quelqu'un proposoit contre Cleanthes des finesses dialectiques ; à qui Chrysippus dict : « Joue toy de ces battelages[3] avecques les enfants ; et ne destourne à cela les pensees serieuses d'un homme d'aage[4] ». Si ces sottes arguties, *contorta et aculeata sophismata*[5], luy doibvent persuader un mensonge, cela est dangereux ; mais si elles demeurent sans effect, et ne l'esmeuvent qu'à rire, je ne veois pas pourquoy il s'en doibve donner garde. Il en est de si sots, qu'ils se destournent de leur voye un quart de lieue pour courir aprez un beau mot ; *aut qui non verba rebus aptant, sed res extrinsecus arcessunt, quibus verba conveniant*[6] ; et l'aultre, *qui, alicujus verbi decore placentis, vocentur ad id, quod non proposuerant scribere*[7]. Je tors bien plus volontiers une bonne sentence[8], pour la coudre sur moy, que je ne destors mon fil, pour l'aller querir. Au rebours, c'est aux paroles à servir et à suyvre ; et que le gascon y arrive, si le françois n'y peult aller. Je veulx que les choses surmontent[9], et qu'elles remplissent de façon

1. Aristippe de Cyrène, élève et plus tard contradicteur de Socrate.

2. D'après Diogène Laërce, liv. II.

3. *Battelages*, « finasseries dignes d'un bateleur, d'un saltimbanque ».

4. D'après Diogène Laërce, liv. III.

5. « Les sophismes embrouillés et épineux. »

6. « Ou qui ne choisissent pas les mots pour les choses, mais qui vont chercher hors du sujet des choses auxquelles les mots conviennent. » (Quintilien, VII, 3.)

7. « Qui, séduits par l'éclat d'un mot qui les charme, sont entraînés vers un sujet qu'ils ne s'étaient point proposé de traiter. » (Sénèque, *Lettres*, etc., LIX.)

8. C'est-à-dire : « Je tords plutôt, je condense une pensée, pour la retenir, que je ne détords, que je n'allonge le fil de mon discours pour courir après un trait d'esprit ».

9. « Aient le dessus, l'emportent sur les autres. »

l'imagination de celuy qui escoute, qu'il n'aye aulcune souvenance des mots.

RÉFLEXIONS SUR LE STYLE

Le parler que j'ayme, c'est un parler simple et naïf, tel sur le papier qu'à la bouche; un parler succulent et nerveux, court et serré; non tant delicat et peigné, comme vehement et brusque[1] :

> Hæc demum sapiet dictio, quæ feriet[2];

plustost difficile qu'ennuyeux; esloingné d'affectation; desréglé, descousu et hardy; chasque loppin[3] y face son corps: non pedantesque, non fratesque[4], non plaideresque[5], mais plustost soldatesque, comme Suetone[6] appelle celuy de Julius Cæsar; et si ne sens pas bien pourquoy il l'en appelle.

J'ay volontiers imité cette desbauche qui se veoid en nostre jeunesse au port de leurs vestements : un manteau en escharpe, la cape sur une espaule, un bas mal tendu, qui represente une fierté desdaigneuse de ces parements estrangiers, et nonchalante de l'art; mais je la treuve encores mieulx employee en la forme de parler.

1. Montaigne caractérise ici, par des expressions très heureuses, quelques-unes des propres qualités de son style. On ne peut pourtant pas lui accorder qu'il ait « un parler court et serré ».

2 « Que l'expression frappe, elle plaira. »

3. *Loppin*, « morceau ».

4 *Fratesque*, « de frère, de moine », éloquence monacale.

5. *Plaideresque*, « de plaideur, d'avocat », éloquence du barreau.

6. Suetone, *Vie de César*, C. 55. « Montaigne a été trompé par les éditions vulgaires où on lisait : *Eloquentia militari; qua re aut æquavit..*; au lieu que dans le texte restitué il faut lire : *Eloquentia militarique re, aut æquavit.* » (Note de Coste.) Ce qui causait de l'embarras à Montaigne disparaît donc avec le texte incorrect qu'il avait sous les yeux.

Toute affectation, nommeement en la gayeté et liberté
françoise, est mesadvenaute[1] au courtisan; et en une
monarchie, tout gentilhomme doibt estre dressé au port
d'un courtisan : pourquoy nous faisons bien de gauchir[2]
un peu sur le naïf et mesprisant. Je n'ayme point de
tissure où les liaisons et les coustures paroissent[3] : tout
ainsi qu'en un beau corps il ne fault pas qu'on y puisse
compter les os et les veines. *Quæ veritati operam dat
oratio, incomposita sit et simplex[4]. Quis accurate loqui-
tur, nisi qui vult putide loqui[5]?* L'eloquence faict injure
aux choses, qui nous destourne à soy[6]. Comme aux ac-
coustrements, c'est pusillanimité de se vouloir marquer
par quelque façon particuliere et inusitee : de mesme au
langage, la recherche des phrases nouvelles et des mots
peu cogneus vient d'une ambition scholastique et puerile.
Peusse je ne me servir que de ceulx qui servent aux
hales à Paris! Aristophanes le grammairien[7] n'y enten-
doit rien, de reprendre en Epicurus la simplicité de ses
mots, et la fin de son art oratoire, qui estoit perspicuité[8]
de langage seulement. L'imitation du parler, par sa facilité, suyt incontinent tout un peuple : l'imitation du juger,
de l'inventer, ne va pas si viste. La pluspart des lecteurs,

1. *Mesadvenante,* « qui messied, qui ne convient pas ».
2. *Gauchir sur,* « dévier vers, incliner à ».
3. Montaigne a raison de critiquer les liaisons trop apparentes
qui sont, dans le style, comme les coutures dans une étoffe. Mais il
est permis de penser que dans la pratique il en prend lui-même trop
à son aise avec l'art des liaisons et des transitions.
4. « La vérité doit parler un langage simple et sans art. » (Sénèque, *Lettres,* etc., XL.)
5. « Il n'y a que ceux qui veulent causer de l'ennui à leurs auditeurs qui mettent de la recherche dans leurs discours. » (Sénèque,
Lettres, etc., LXXV.)
6. De même Pascal a dit : « La véritable éloquence se moque de
l'éloquence »; l'éloquence nous « destourne à soy » quand elle ne
fait songer qu'à elle et non aux choses.
7. D'après Diogène Laërce, liv. X.
8. *Perspicuité,* « clarté du langage ».

pour avoir trouvé une pareille robbe, pensent tres faulsement tenir un pareil corps : la force et les nerfs ne s'empruntent point; les atours et le manteau s'empruntent. La pluspart de ceulx qui me hantent parlent de mesme les *Essais*[1]; mais je ne sçay s'ils pensent de mesme. Les Atheniens, dict Platon[2], ont pour leur part le soing de l'abondance et elegance du parler; les Lacedemoniens, de la brietveté; et ceulx de Crete, de la fecondité des conceptions, plus que du langage : ceulx cy sont les meilleurs. Zenon[3] disoit qu'il avoit deux sortes de disciples : les uns, qu'il nommoit φιλολόγους, curieux d'apprendre les choses, qui estoient ses mignons; les aultres λογοφίλους, qui n'avoyent soing que du langage. Ce n'est pas à dire que ce ne soit une belle et bonne chose que le bien dire; mais non pas si bonne qu'on la faict; et suis despit[4] de quoy nostre vie s'embesongne toute à cela. Je vouldrois premierement bien sçavoir ma langue[5], et celle de mes voysins où j'ay le plus ordinaire commerce.

COMMENT MONTAIGNE APPRIT LE LATIN

C'est un bel et grand adgencement[6], sans doubte, que le grec et latin; mais on l'achete trop cher. Je diray icy une façon d'en avoir meilleur marché que de coustume, qui a esté essayee en moy mesme : s'en servira

---

1. *De mesme les Essais :* « on parle autour de moi le langage simple, familier, qui est celui des *Essais* ».

2. Dans les *Lois*, liv. I.

3. Zénon, fondateur de l'école stoïcienne, né vers 362 av. J.-C.

4. *Despit*, « dépité, fâché ».

5. Remarque importante, qui prouve que Montaigne place avant tout l'étude de la langue maternelle.

6. *Adgencement*, dans le sens de « ornement, acquisition de l'esprit ».

qui vouldra. Feu mon pere[1], ayant faict toutes les recherches qu'homme peult faire, parmy les gents sçavants et d'entendement, d'une forme d'institution exquise[2], feut advisé de cet inconvenient qui estoit en usage ; et luy disoit on que cette longueur que nous mettions à apprendre les langues qui ne leur coustoient rien[3], est la seule cause pourquoy nous ne pouvons arriver à la grandeur d'ame et de cognoissance des anciens Grecs et Romains. Je ne croy pas que ce en soit la seule cause. Tant y a que l'expedient que mon pere y trouva, ce feut qu'en nourrice, et avant le premier desnouement de ma langue, il me donna en charge à un Allemand, qui depuis est mort fameux medecin en France, du tout ignorant de nostre langue, et tres bien versé en la latine. Celluy cy, qu'il avoit faict venir exprez, et qui estoit bien cherement gagé, m'avoit continuellement entre les bras. Il en eut aussi avecques luy deux aultres moindres en sçavoir, pour me suyvre, et soulager le premier : ceulx cy ne m'entretenoient d'aultre langue que latine[4].

1. Voyez ce que Montaigne dit ailleurs de son père (*Essais*, liv I, ch. xxxiv, liv. II, ch. ii et xii, etc.).

2. *Exquise*, c'est-à-dire « excellente ».

3. « ... qui ne coûtaient rien aux Grecs et aux Romains. »

4. On voit quelle est la méthode que préconise ici Montaigne : c'est celle qui consiste à apprendre les langues, même les langues anciennes, par l'usage et par la pratique. Ce qui peut retrancher quelque chose à l'admiration que Montaigne réclame pour les résultats de cette méthode, c'est l'aveu qu'il nous fait lui-même d'avoir désappris au collège le latin qu'il savait si bien au logis. Était-ce la faute de ses nouveaux maîtres? Montaigne le laisse entendre. C'était surtout la faute du système. A dix ans, Montaigne savait le latin par routine, non par principes : il en possédait l'usage, mais il en ignorait les règles. Dans ces conditions il ne faut pas s'étonner qu'il ait pu si vite le désapprendre au collège. L'esprit d'utopie s'est emparé de la méthode décrite ici par Montaigne. C'est ainsi que La Condamine, en 1750, proposait, pour abréger les lenteurs des études latines, de « fonder une ville où l'on recevrait tous les enfants d'Europe, et où l'on ne parlerait que latin ». Dans un plan un peu moins chimérique, l'abbé Mangin a publié, en 1818, un volume

Quant au reste de sa maison, c'estoit une regle inviolable que ny luy mesme, ny ma mere, ny valet, ny
chambriere, ne parloient en ma compaignie qu'autant de
mots de latin que chascun avoit apprins pour jargonner
avec moy. C'est merveille du fruict que chascun y feit :
mon pere et ma mere y apprindrent assez de latin pour
l'entendre, et en acquirent à suffisance pour s'en servir
à la necessité, comme feirent aussi les aultres domestiques qui estoient plus attachez à mon service. Somme,
nous nous latinizasmes tant, qu'il en regorgea jusques à
nos villages tout autour, où il y a encores, et ont prins
pied par l'usage, plusieurs appellations latines d'artisans
et d'utils. Quant à moy, j'avoy plus de six ans, avant que
j'entendisse non plus de françois ou de perigordin que
d'arabesque[1]; et, sans art, sans livre, sans grammaire ou
precepte, sans fouet et sans larmes, j'avois apprins du
latin tout aussi pur que mon maistre d'eschole le sçavoit :
car je ne le pouvois avoir meslé ni alteré. Si par essay
on me vouloit donner un theme, à la mode des colleges;
on le donne aux aultres en françois, mais à moy il me le
falloit donner en mauvais latin, pour le tourner en bon.
Et Nicolas Grouchy[2], qui a escript *De Comitiis Romano-*
rum[3]; Guillaume Guerente[4], qui a commenté Aristote;
George Buchanan[5], ce grand poëte escossois; Marc An-

intitulé *Éducation de Montaigne*, où il demande que l'on fonde
un certain nombre de collèges où les maîtres ne parleraient que
latin.

1. *Arabesque*, la « langue arabe ».

2. Nicolas Grouchy, helléniste et philosophe du seizième siècle,
enseigna à Bordeaux, à Paris, en Portugal (1520-1572).

3. *Sur les comices des Romains*, publié à Paris en 1555.

4. Guillaume Guerente, auteur peu connu, dont nous ne savons
que ce qu'en a dit Montaigne.

5. Buchanan (né en Écosse en 1506, mort en 1582), professa à
Paris et à Bordeaux, où il connut Montaigne : il fut chargé de l'éducation du fils du maréchal de Brissac : plus tard il devint précepteur
du futur roi d'Angleterre, Jacques Ier.

toine Muret[1], que la France et l'Italie recognoist pour le
meilleur orateur du temps, mes precepteurs domestiques,
m'ont dict souvent que j'avois ce langage en mon enfance
si prest et si à main, qu'ils craignoient à m'accoster[2].
Buchanan, que je veis depuis à la suitte de feu monsieur
le mareschal de Brissac[3], me dict qu'il estoit aprez à
escrire de l'institution des enfants, et qu'il prenoit
l'exemplaire de la mienne : car il avoit lors en charge[4]
ce comte de Brissac que nous avons veu depuis si
valeureux et si brave.

ÉDUCATION PERSONNELLE DE MONTAIGNE

Quant au grec, duquel je n'ay quasi du tout point
d'intelligence[5], mon pere desseigna[6] me le faire apprendre par art, mais d'une voye nouvelle, par forme
d'esbat et d'exercice : nous pelotions[7] nos declinaisons,
à la maniere de ceulx qui, par certains jeux de tablier[8],
apprennent l'arithmetique et la geometrie. Car, entre

1. Muret (1526-1585), le plus célèbre des latinistes dont parle
ici Montaigne, professa à Poitiers, à Paris. C'est de lui que Scaliger disait : « Après Cicéron. il n'y a personne qui parle mieux
le latin que Muret ».
2. *A m'accoster*, c'est-à-dire « à se mesurer avec moi », pour la
conversation en latin.
3. Maréchal de France (1505-1563), un des meilleurs généraux du
seizième siècle.
4. « Il était alors *chargé* de l'éducation du.... »
5. Montaigne se fait peut-être tort à lui-même; il est certain
pourtant qu'il lisait surtout les auteurs grecs dans les traductions
françaises du temps : Plutarque notamment, dans la traduction
d'Amyot. Rabelais, au contraire, était un helléniste consommé.
6. « Conçut le dessein. »
7. *Peloter*, au propre : « jouer à la paume sans faire une partie
réglée », par suite, au figuré : « étudier par jeu ».
8. *Tablier*, la table servant à tous les jeux qui se jouent avec des
pièces mobiles sur une surface plane, par exemple le trictrac, les
échecs.

aultres choses, il avoit esté conseillé[1] de me faire gouster
la science et le debvoir par une volonté non forcee, et de
mon propre desir; et d'eslever mon ame en toute doulceur et liberté, sans rigueur et contraincte[2] : je dis
jusques à telle superstition[3], que, parce qu'aulcuns
tiennent[4] que cela trouble la cervelle tendre des enfants
de les esveiller le matin en sursault, et de les arracher
du sommeil (auquel ils sont plongez beaucoup plus que
nous ne sommes) tout à coup et par violence; il me faisoit esveiller par le son de quelque instrument[5]; et ne
feus jamais sans homme qui m'en servist.

Cet exemple suffira pour en juger le reste, et pour re-
commender aussi et la prudence et l'affection d'un si bon
pere; auquel il ne se fault prendre, s'il n'a recueilly
aulcuns fruicts respondants à une si exquise[6] culture.
Deux choses en furent cause : en premier, le champ
sterile et incommode; car, quoyque j'eusse la santé
ferme et entiere, et quand et quand[7] un naturel doulx et
traictable, j'estoy, parmy cela, si poisant, mol et endormy,
qu'on ne me pouvoit arracher de l'oysifveté, non pas[8]
pour me faire jouer. Ce que je veoyois, je le veoyois bien;
et, soubs cette complexion lourde, nourrissois des imaginations hardies et des opinions au dessus de mon aage.
L'esprit, je l'avoy lent, et qui n'alloit qu'autant qu'on le
menoit; l'apprehension[9], tardifve; l'invention, lasche; et,
aprez tout, un incroyable default de memoire. De tout

1. « Mon père avait reçu le conseil de.... »
2. Montaigne, quand il recommandait la douceur dans la discipline, s'inspirait des souvenirs de son éducation personnelle, et des
attentions pleines de tendresse que son père avait eues pour lui.
3. *Superstition*, dans le sens de « scrupule excessif ».
4. *Tiennent*, « sont convaincus ».
5. Instrument de musique.
6. *Exquise*, dans le sens de « délicate, recherchée ».
7. « En même temps. »
8. « ...pas même. »
9. *Apprehension*, « la compréhension, l'intelligence ».

cela, il n'est pas merveille s'il[1] ne sçeut rien tirer qui
vaille. Secondement, comme ceulx que presse un furieux
desir de guarison se laissent aller à toute sorte de conseils, le bon homme, ayant extreme peur de faillir en
chose qu'il avoit tant à cœur, se laissa enfin emporter à
l'opinion commune, qui suyt tousjours ceulx qui vont
devant, comme les grues[2], et se rengea à la coustume,
n'ayant plus autour de luy ceulx qui luy avoient donné
ces premieres institutions[3], qu'il avoit apportees d'Italie;
et m'envoya environ mes six ans au college de Guienne[4],
tres florissant pour lors, et le meilleur de France : et là,
il n'est possible de rien adjouster au soing qu'il eut, et à
me choisir des precepteurs de chambre[5] suffisants, et à
toutes les aultres circonstances de ma nourriture[6], en laquelle il reserva plusieurs façons particulieres, contre
l'usage des colleges; mais tant y a que c'estoit toujours
college. Mon latin s'abastardit[7] incontinent, duquel
depuis, par desaccoustumance[8], j'ay perdu tout usage :
et ne me servit cette mienne inaccoustumee institution,
que de me faire enjamber d'arrivee[9] aux premieres classes:
car, à treize ans que je sortis du college, j'avois achevé

---

1. *Il*, c'est-à-dire « mon père ».
2. Comme les grues, les canards et autres volatiles, qui marchent
à la queue leu leu.
3. *Institutions*, « procédés d'enseignement ». Il est intéressant de
noter que le père de Montaigne avait rapporté d'Italie, du pays de
Victorin de Feltre, ses idées de réforme pédagogique. En pédagogie,
comme dans les arts, l'Italie fut le point de départ de la Renaissance. Le père de Montaigne avait pris part aux guerres d'Italie.
4. Le collège de Guienne, à Bordeaux, un des établissements
d'enseignement secondaire les plus florissants du seizième siècle
5. C'est-à-dire « répétiteurs », qui font repasser les leçons du
maître.
6. *Nourriture*, « éducation ».
7. *S'abastardit*, « s'altéra ».
8. Nous ne disons plus que *désaccoutumer* Bossuet emploie
encore *desaccoutumance*.
9. *D'arrivee*, « d'emblée »

mon cours (qu'ils appellent), et, à la verité, sans auleun fruict que je peusse à present mettre en compte.

PREMIÈRES LECTURES DE MONTAIGNE

Le premier goust que j'eus aux livres, il me veint du plaisir des fables de la « Metamorphose » d'Ovide[1] : car, environ l'aage de sept ou huict ans, je me desrobois de tout aultre plaisir pour les lire ; d'autant que cette langue[2] estoit la mienne maternelle, et que c'estoit le plus aysé livre que je cogneusse, et le plus accommodé à la foiblesse de mon aage, à cause de la matiere : car des Lancelots du Lac[3], des Amadis[4], des Huons de Bordeaux[5], et tels fatras de livres à quoy l'enfance s'amuse, je n'en cognoissoys pas seulement le nom, ny ne foys encores le corps[6] ; tant exacte estoit ma discipline[7] ! Je m'en rendoys plus nonchalant[8] à l'estude de mes aultres leçons prescriptes. Là, il me veint singulierement à propos d'avoir affaire à un homme d'entendement de precepteur[9], qui sceut dextrement conniver à[10] cette mienne desbauche et aultres pareilles : car par là j'enfilay tout d'un train Virgile en

1. On dit aujourd'hui les *Métamorphoses* d'Ovide. Les enfants prennent généralement grand plaisir aux aimables fictions du poète latin.

2. *Cette langue*, « la langue latine ».

3. *Lancelot du Lac*, roman de chevalerie, de Christian de Troyes (treizième siècle).

4. *Amadis de Gaule*, roman espagnol, traduit au seizième siècle par Nicolas de Herberay, et qui eut beaucoup de vogue.

5. *Huon* est le titre d'une chanson de geste du treizième siècle.

6. *Le corps*, « le corps du livre, le contenu ».

7. « Éducation. »

8. « Mes lectures volontaires des *Métamorphoses* me rendaient plus nonchalant.... »

9. « A un précepteur intelligent. »

10. « Se rendre habilement complice de » ; *conniver*, mot à mot : « fermer les yeux ».

l'*Eneide*, et puis Terence, et puis Plaute, et des comedies italiennes, leurré[1] tousjours par la douleur du subject. S'il eust esté si fol[2] de rompre ce train, j'estime que je n'eusse rapporté du college que la haine des livres, comme faict quasi toute nostre noblesse. Il s'y gouverna ingenieusement, faisant semblant de n'en veoir rien; il aiguisoit ma faim, ne me laissant qu'à la desrobee gourmander[3] ces livres, et me tenant doulcement en office[4] pour les aultres estudes de la regle[5] : car les principales parties que mon pere cherchoit à ceulx à qui il donnoit charge de moy, c'estoit la debonnaireté et facilité de complexion. Aussi n'avoit la mienne[6] aultre vice que langueur et paresse. Le danger n'estoit pas que je feisse mal, mais que je ne feisse rien : nul ne prognostiquoit que je deusse devenir mauvais, mais inutile; on y prevoyoit de la faineantise, non pas de la malice[7]. Je sens qu'il en est advenu de mesme : les plainctes, qui me cornent aux aureilles sont telles : « Il est oysif, froid aux offices d'amitié et de parenté ; et, aux offices publicques, trop particulier, trop desdaigneux. » Les plus injurieux mesme ne disent pas : « Pourquoy a il prins? Pourquoy n'a il payé? » Mais : « Pourquoy ne quitte il? Pourquoy ne donne il[8]? » Je recevrois à faveur qu'on ne desirast en moy que tels effects de supererogation[9]; mais ils sont injustes d'exiger ce que je ne

1. *Leurré*, « séduit, alléché ».

2. « Si mon précepteur avait été assez déraisonnable ».

3. *Gourmander*, « lire avidement, en gourmand ». Ronsard écrivait « gourmander son bien », pour « dévorer sa fortune »

4. *En office*, « dans mon devoir ».

5. *De la regle*, c'est-à-dire « imposées par le règlement »

6. Sous-entendu *complexion*.

7. Montaigne aime décidément beaucoup à parler de lui. Mais son moi est aimable et n'a rien de commun avec le moi haïssable dont parle Pascal.

8. « Pourquoi ne cède-t-il rien? » *Quitter*, « abandonner de son droit ».

9. *Effets de supererogation*, c'est-à-dire des services auxquels on n'est pas strictement tenu, qui dépassent les limites du devoir.

doy pas, plus rigoureusement beaucoup qu'ils n'exigent d'eulx ce qu'ils doibvent. En m'y condamnant, ils effacent la gratification[1] de l'action, et la gratitude qui m'en seroit deue : là où le bien faire actif debvroit plus poiser de ma main, en consideration de ce que je n'en ay de passif nul qui soit. Je puis d'autant plus librement disposer de ma fortune, qu'elle est plus mienne, et de moy, que je suis plus mien. Toutesfois, si j'estois grand enlumineur[2] de mes actions, à l'adventure rembarrerois je bien ces reproches[3], et à quelques-uns apprendrois qu'ils ne sont pas si offensez que je ne face pas assez, que de quoy je puisse faire assez plus que je ne foys[4].

Mon ame ne laissoit pourtant, en mesme temps, d'avoir, à part soy, des remuements[5] fermes, et des jugements seurs et ouverts autour[6] des objets qu'elle cognoissoit; et les digeroit seule, sans aulcune communication[7]; et, entre aultres choses, je crois, à la vérité, qu'elle eust esté du tout[8] incapable de se rendre à la force et violence. Mettray je en compte cette faculté de mon enfance? une asseurance de visage, et soupplesse de voix et de geste à m'appliquer aux rooles que j'entreprenois : car avant l'aage,

> Alter ab undecimo tum me vix ceperat annus[9],

1. « La liberté volontaire, la générosité spontanée. »

2. *Enlumineur*, « qui enlumine, qui met en lumière ».

3. Ce passage, qui ne se trouve pas dans les éditions antérieures à 1595, est une réponse aux reproches qu'on adressait à Montaigne relativement à sa vie publique et à sa conduite, peu courageuse pendant qu'il était maire de Bordeaux. On sait qu'il s'était enfui devant la peste.

4. C'est-à-dire qu'« ils sont jaloux de ce que je pourrais faire plus encore que je ne fais »

5. Des « mouvements », des « émotions ».

6. *Autour*, « sur, touchant ».

7. « Sans la collaboration de personne. »

8. *Du tout*, « absolument ».

9. « A peine avais-je atteint ma douzième année. » (Virgile, *Églogues*, VIII, 39.)

j'ay soustenu les premiers personnages[1] ez tragedies latines de Buchanan, de Guerente et de Muret[2], qui se repre-
senterent en nostre college de Guienne avecques dignité :
en cela Andreas Goveanus[3], nostre principal, comme en
toutes aultres parties de sa charge, feut sans comparaison le plus grand principal de France; et m'en tenoit
on maistre ouvrier. C'est un exercice que je ne mesloue[4]
point aux jeunes enfants de maison; et ay veu nos
princes s'y addonner depuis en personne, à l'exemple
d'aulcuns anciens, honnestement et louablement : il
estoit loisible mesme d'en faire mestier aux gents d'honneur, et en Grece : *Aristoni tragico actori rem aperit : huic
et genus, et fortuna honesta erant; nec ars, quia nihil tale
apud Græcos pudori est, ea deformabat*[5]: car j'ay tousjours accusé d'impertinence[6] ceulx qui condamnent ces
esbattements, et d'injustice ceulx qui refusent l'entrée
de nos bonnes villes aux comediens qui le valent[7], et
envient au peuple ces plaisirs publicques. Les bonnes
polices[8] prennent soing d'assembler les citoyens[9] et les

1. « Les premiers rôles. »
2. La mode était alors aux représentations scolaires des pièces
de théâtre, et elle s'est maintenue aux siècles suivants, surtout dans
les collèges des jésuites.
3. André de Gouvea, Portugais, principal du collège Sainte-Barbe à
Paris, puis du collège de Guyenne à Bordeaux, en 1534; il quitta la
France en 1547, pour fonder un collège à Coïmbre, et y mourut
l'année s ivante.
4. *Meslouer*, « mal louer, blâmer ».
5. « Il (Andranodore) découvre son projet à l'acteur tragique
Ariston, qui était un homme d'une naissance et d'une fortune hono-
rables, et à qui son art, qui n'a rien de honteux chez les Grecs, ne
faisait aucun déshonneur. » (Tite-Live, XXIV, 24.)
6. *Impertinence*, « inconséquence ».
7. *Qui le valent*, « qui méritent d'y être admis ».
8. *Polices*, dans le sens de « règlements politiques », de « gouvernement ».
9. Il est intéressant de constater chez un écrivain du seizième
siècle ce goût prononcé pour les réunions publiques, pour les spectacles.

rallier, comme aux offices serieux de la devotion, aussi
aux exercices et jeux; la société et amitié s'en augmente;
et puis on ne leur sçauroit conceder des passetemps plus
reglez que ceux qui se font en presence d'un chascun, et
à la veue mesme du magistrat; et trouveroy raisonnable
que le prince, à ses despens, en gratifiast quelquesfois la
commune, d'une affection et bonté comme paternelle;
et qu'aux villes populeuses il y eust des lieux destinez
et disposez pour ces spectacles; quelque divertissement
de pires actions et occultes[1].

Pour revenir à mon propos[2], il n'y a tel que d'allei-
cher l'appetit et l'affection[3] : aultrement on ne faict que
des asnes chargez de livres; on leur donne, à coups de
fouet, en garde leur pochette pleine de science; laquelle[4],
pour bien faire, il ne fault pas seulement loger chez soy,
il la fault espouser.

---

1. Voltaire a cité ce passage de Montaigne comme un argument en
faveur du théâtre, dans la préface de sa pièce *l'Écossaise.*

2. Il est fâcheux que Montaigne ne songe à «revenir à son propos»
que cinq lignes avant la fin du chapitre.

3. *L'appetit* pour le savoir, *l'affection* pour le maître.

4. *Laquelle*, c'est-à-dire « laquelle science ».

EXTRAITS PÉDAGOGIQUES
DE DIVERS CHAPITRES DE MONTAIGNE

I

L'ÉDUCATION CHEZ LES PERSES, D'APRÈS XÉNOPHON ET PLATON[1].

En cette belle institution que Xenophon preste aux Perses, nous trouvons qu'ils apprenoient la vertu à leurs enfants, comme les aultres nations font les lettres[2]. Platon dict que le fils aisné, en leur succession royale, estoit ainsi nourry : aprez sa naissance, on le donnoit, non à des femmes, mais à des eunuches de la première auctorité autour des roys, à cause de leur vertu. Ceulx cy prenoient charge de luy rendre le corps beau et sain ; et aprez sept ans le duisoient à monter à cheval et aller à la chasse. Quand il estoit arrivé au quatorziesme, ils le deposoient entre les mains de quatre : le plus sage, le plus juste, le plus temperant, le plus vaillant de la nation. Le premier luy apprenoit la religion ; le second, à estre tousjours veritable ; le tiers, à se rendre maistre des cupiditez ; le quart, à ne rien craindre.

C'est chose digne de tres grande consideration, que, en

---

1. Liv. I, ch. xxiv, *Du Pédantisme.*
2. Voyez Xénophon, *Cyropédie*, liv. I, ch. ii. La *Cyropédie*, ou Éducation de Cyrus, est un plan d'éducation militaire.

cette excellente police de Lycurgus, et à la verité mons-
trueuse par sa perfection, si soingneuse pourtant de la
nourriture des enfants comme de sa principale charge,
et au giste mesme des Muses, il s'y face si peu de mention de la doctrine : comme si cette genereuse jeunesse,
desdaignant tout aultre joug que de la vertu, on luy ayt
deu fournir, au lieu de nos maistres de science, seulement des maistres de vaillance, prudence et justice :
exemple que Platon a suivy en ses *Loix.* La façon de leur
discipline, c'estoit leur faire des questions sur le jugement des hommes et de leurs actions; et, s'ils condam-
noient et louoient ou ce personnage ou ce faict, il falloit raisonner leur dire; et, par ce moyen, ils aiguisoient
ensemble leur entendement, et apprenoient le droict.
Astyages, en Xénophon [1], demande à Cyrus compte de sa
derniere leçon : « C'est, dict il, qu'en nostre eschole un
grand garçon, ayant un petit saye, le donna à l'un de ses
compaignons de plus petite taille, et luy osta son saye
qui estoit plus grand : nostre precepteur m'ayant faict
juge de ce différend, je jugeay qu'il falloit laisser les
choses en cet estat, et que l'un et l'aultre sembloit estre
mieulx accommodé en ce poinct : sur quoy il me remontra
que j'avois mal faict; car je m'estois arresté à considerer
la bienseance, et il falloit premierement avoir pourveu à
la justice, qui vouloit que nul ne feust forcé en ce qui
luy appartenoit »; et dict qu'il en feut fouetté, tout ainsi
que nous sommes en nos villages, pour avoir oublié le
premier aoriste de τύπτω[2]. Mon regent me feroit une
belle harangue *in genere demonstrativo,* avant qu'il
me persuadast que son eschole vault cette là. Ils[3] ont
voulu couper chemin : et puisqu'il est ainsi que les
sciences, lors mesme qu'on les prend de droict fil, ne

1. Dans la *Cyropédie* de Xénophon.
2. « Je frappe. »
3. C'est-à-dire « les pédagogues de l'antiquité ».

peuvent que nous enseigner la prudence, la preud'hommie
et la resolution, ils ont voulu d'arrivee mettre leurs enfants au propre des effects, et les instruire non par ouïr
dire, mais par l'essay de l'action, en les formant et mou-
lant vifvement, non seulement de preceptes et paroles,
mais principalement d'exemples et d'œuvres, à fin que ce
ne feust pas une science en leur ame, mais sa complexion
et habitude; que ce ne feust pas un acquest, mais une
naturelle possession. A ce propos, on demandoit à Agesilaus ce qu'il seroit d'advis que les enfants apprinssent :
« Ce qu'ils doibvent faire estants hommes », respondit il.
Ce n'est pas merveille, si une telle institution a produict
des effects si admirables.

II

L'ÉDUCATION A ATHÈNES ET A SPARTE [1].

On alloit, dict on, aux aultres villes de Grece chercher
des rhetoriciens, des peintres et des musiciens; mais en
Lacedemone, des legislateurs, des magistrats, et empe-
reurs d'armee : à Athenes, on apprenoit à bien dire; et icy,
à bien faire : là, à se desmesler d'un argument sophistique, et à rabattre l'imposture des mots capticusement
entrelacez; icy, à se desmesler des appasts de la volupté et
à rabattre, d'un grand courage, les menaces de la fortune
et de la mort : ceulx là s'embesoingnoient aprez les paroles;
ceulx cy, aprez les choses : là, c'estoit une continuelle
exercitation de la langue; icy, une continuelle exercitation de l'ame Parquoy il n'est pas estrange si Antipa-
ter, leur demandant cinquante enfants pour ostages, ils
respondirent, tout au rebours de ce que nous ferions, qu'ils
aimoient mieulx donner deux fois autant d'hommes faicts :
tant ils estimoient la perte de l'education de leur païs !

1. Liv. I, ch. xxiv, *Du Pédantisme.*

Quand Agesilaus convie Xenophon d'envoyer nourrir ses
enfants à Sparte, ce n'est pas pour y apprendre la rhetorique ou dialectique; mais « pour apprendre (ce dict il)
la plus belle science qui soit, à sçavoir la science d'obeïr
et de commander ».

III

IDÉE D'UNE ÉDUCATION PUBLIQUE DIRIGÉE PAR L'ÉTAT[1].

... Ce nous est grande simplesse d'abandonner les enfants au gouvernement et à la charge de leurs peres. La
pluspart de nos polices laissent à chascun la conduicte de
leurs femmes et de leurs enfants, selon leur folle et indis-
crete fantasie; et quasi les seules Lacedemonienne et
Cretense ont commis aux loix la discipline de l'enfance.
Qui ne veoid qu'en un estat tout despend de cette éducation et nourriture? et cependant, sans aulcune discre-
tion, on la laisse à la mercy des parents, tant fols et
méchants qu'ils soient. Entre aultres choses, combien
de fois m'a il prins envie, passant par nos rues, de
dresser une farce pour venger des garsonnets que je
veoyois escorcher, assommer et meurtrir à quelque pere
ou mere furieux et forcenez de cholere! Vous leur veoyez
sortir le feu et la rage des yeulx,... à tout une voix tren-
chante et esclatante, souvent contre qui ne faict que
sortir de nourrice. Et puis les voyla estropiez, estourdis
de coups; et nostre justice qui n'en fait compte, comme
si ces esboistements et eslochements[2] n'étoient pas des
membres de nostre chose publicque.

1. Liv. II, ch. xxxi, *De la Cholère.*
2. *Eslochements,* mot qui ne se trouve que chez Montaigne, synonyme de « dislocation ».

IV

IL FAUT AVANT TOUT EXERCER LE JUGEMENT [1].

... A la mode dequoy nous sommes instruicts, il n'est pas merveille, si ny les escholiers, ny les maistres, n'en deviennent pas plus habiles, quoy qu'ils s'y facent plus doctes. De vray, le soing et la despense de nos peres ne vise qu'à nous meubler la teste de science : du jugement et de la vertu, peu de nouvelles. Criez d'un passant à nostre peuple : « O le sçavant homme ! » et d'un aultre : « O le bon homme ! » il ne fauldra pas à destourner les yeulx et son respect vers le premier. Il y fauldroit un tiers crieur : « O les lourdes testes! » Nous nous enquerons voluntiers : « Sçait il du grec ou du latin? Escrit il en vers ou en prose? » Mais s'il est devenu meilleur ou plus advisé, c'estoit le principal, et c'est ce qui demeure derriere. Il falloit s'enquerir qui est mieulx sçavant, non qui est plus sçavant.

Nous ne travaillons qu'à remplir la memoire, et laissons l'entendement et la conscience vuides. Tout ainsi que les oyseaux vont quelquesfois à la queste du grain, et le portent au bec sans le taster, pour en faire bechee à leurs petits : ainsi nos pedantes vont pillotants la science dans les livres, et ne la logent qu'au bout de leurs levres, pour la degorger seulement et mettre au vent....

.... Mais, qui pis est, leurs escholiers [2] et leurs petits ne s'en nourrissent et alimentent non plus; ains elle passe de main en main, pour cette seule fin d'en faire parade, d'en entretenir aultruy, et d'en faire des contes, comme une vaine monnoye inutile à tout aultre usage et

---

1. Liv. I, ch. xxiv, *Du Pédantisme.*
2. *Leurs escholiers*, c'est-à-dire les élèves des mauvais maîtres dont parle Montaigne.

emploite[1] qu'à compter et jecter.... Nous sçavons dire :
« Cicero dict ainsi; Voylà les mœurs de Platon; Ce sont
les mots mesmes d'Aristote »; mais nous, que disons nous
nous mesmes? que jugeons nous? autant en diroit bien un
perroquet.

Cette façon me faict souvenir de ce riche Romain, qui
avoit esté soigneux, à fort grande despense, de recouvrer
des hommes suffisants en tout genre de sciences, qu'il tenoit continuellement autour de luy, à fin que, quand il
escheeoit[2] entre ses amis quelque occasion de parler d'une
chose ou d'aultre, ils suppleassent en sa place, et feussent
tout prests à luy fournir, qui d'un discours, qui d'un
vers d'Homere, chascun selon son gibbier; et pensoit ce
sçavoir estre sien, parce qu'il estoit en la teste de ses
gents; et comme font aussi ceulx desquels la suffisance[3]
loge en leurs sumptueuses librairies. J'en cognois à qui
quand je demande ce qu'il sçait, il me demande un livre
pour me le montrer....

V

IL FAUT S'ASSIMILER CE QU'ON ÉTUDIE[4].

Nous prenons en garde les opinions et le sçavoir d'aultruy, et puis c'est tout : il les fault faire nostres. Nous
semblons proprement celuy qui, ayant besoing de feu, en
iroit querir chez son voysin, et, y en ayant trouvé un
beau et grand, s'arresteroit là à se chauffer, sans plus se
souvenir d'en rapporter chez soy. Que nous sert il d'avoir
la panse pleine de viande, si elle ne se digere, si elle ne
se transforme en nous, si elle ne nous augmente et for-

---

1. *Emploite*, « usage, emploi ».
2. *Il eschecoit*, « il se présentait », du verbe *échoir*.
3. *Suffisance*, dans le sens de « science ».
4. Liv. I, ch. xxiv, *Du Pédantisme*.

tifie?... Nous nous laissons si fort aller sur les bras d'aultruy, que nous aneantissons nos forces. Me veulx je armer contre la crainte de la mort? c'est aux despens de Seneca[1]. Veulx je tirer de la consolation pour moy ou pour un aultre? je l'emprunte de Cicero. Je l'eusse prinse en moy mesme, si on m'y eust exercé. Je n'ayme point ceste suffisance relative et mendiee; quand bien nous pourrions estre sçavants du sçavoir d'aultruy, au moins sages nous ne pouvons estre que de nostre propre sagesse....

Dionysius se mocquoit des grammairiens, qui ont soing de s'enquerir des maulx d'Ulysses, et ignorent les propres; des musiciens qui accordent leurs fleutes, et n'accordent pas leurs mœurs; des orateurs qui estudient à dire justice, non à la faire. Si nostre ame n'en va un meilleur bransle, si nous n'en avons le jugement plus sain, j'aymerois aussi cher que mon escholier eust passé le temps à jouer à la paulme : au moins le corps en seroit plus alaigre. Veoyez le revenir de là, aprez quinze ou seize ans employez; il n'est rien si mal propre à mettre en besongne : tout ce que vous y recognoissez davantage, c'est que son latin et son grec l'ont rendu plus sot et plus presumptueux qu'il n'estoit party de la maison. Il en debvoit rapporter l'ame pleine, il ne l'en rapporte que bouffie; et l'a seulement enflee, en lieu de la grossir.

VI

MÊME SUJET [2].

Il y a aulcuns de nos parlements, quand ils ont à recevoir des officiers, qui les examinent seulement sur la science : les aultres y adjoustent encores l'essay du sens, en leur presentant le jugement de quelque cause. Ceulx

1. *Seneca*, Sénéque, le moraliste latin.
2. **Liv. I**, ch. xxiv.

cy me semblent avoir un beaucoup meilleur style; et encores que ces deux pieces soyent necessaires, et qu'il faille qu'elles s'y treuvent toutes deux, si est ce qu'à la vérité celle du sçavoir est moins prisable que celle du jugement; cette cy se peult passer de l'aultre, et non l'aultre de cette cy. Car, comme dict ce vers grec,

'Ως οὐδὲν ἡ μάθησις, ἢν μὴ νοῦς παρῇ.

« A quoy faire la science, si l'entendement n'y est? » Pleust à Dieu que, pour le bien de notre justice, ces compaignies là se trouvàssent aussi bien fournies d'entendement et de conscience, comme elles sont encores de science! *Non vitæ, sed scholæ discimus*[1]. Or, il ne fault pas attacher le sçavoir à l'ame, il l'y fault incorporer; il ne l'en fault pas arrouser, il l'en fault teindre; et s'il ne la change, et meliore son estat imparfaict, certainement il vault beaucoup mieulx le laisser là : c'est un dangereux glaive, et qui empesche et offense son maistre, s'il est en main foible, et qui n'en sçache l'usage; *ut fuerit melius non didicisse*[2]....

.... Quel dommage si les sciences ne nous apprennent ny à bien penser ny à bien faire? *Postquam docti prodierunt, boni desunt*[3]. Toute aultre science est dommageable à celuy qui n'a la science de la bonté....

.... La science n'est pas pour donner jour à l'ame qui n'en a point, ny pour faire veoir un aveugle; son mestier est, non de luy fournir de veue, mais de la luy dresser, de luy regler ses allures, pourveu qu'elle ayt de soy les pieds et les jambes droictes et capables. C'est une bonne drogue que la science; mais nulle drogue n'est assez

1. « On ne nous instruit pas pour la vie; on nous instruit pour l'école. » (Sénèque, *Lettres*, etc., CVI.)
2. « De sorte qu'il eût mieux valu n'avoir rien appris. » (Cicéron)
3. « Depuis que les savants ont paru, les gens de bien ont fait déaut » (Sénèque.)

forte pour se preserver, sans alteration et corruption,
selon le vice du vase qui l'estuye. Tel a la veue claire,
qui ne l'a pas droicte; et par conséquent veoid le bien,
et ne le suyt pas, et veoid la science, et ne s'en sert pas.

VII

IMPORTANCE DES PREMIÈRES INCLINATIONS DE L'ENFANCE [1].

Platon tança un enfant qui jouoit aux noix. Il luy respondit : « Tu me tanses de peu de chose ». — « L'accoustumance, repliqua Platon, n'est pas chose de peu. »
Je treuve que nos plus grands vices prennent leur ply dez
nostre plus tendre enfance, et que nostre principal gouvernement est entre les mains des nourrices. C'est passetemps aux meres de veoir un enfant tordre le col à un
poulet, et s'esbattre à blecer un chien et un chat : et tel
pere est si sot, de prendre à bon augure d'une ame mar-
tiale, quand il veoid son fils gourmer injurieusement un
païsan ou un laquay qui ne se deffend point; et à gentillesse, quand il le veoid affiner son compaignon par quelque malicieuse desloyauté et tromperie. Ce sont pourtant les vrayes semences et racines de la cruauté, de
la tyrannie, de la trahison : elles se germent là, et
s'eslevent aprez gaillardement, et proufitent à force
entre les mains de la coustume. Et est une tres dangereuse
institution, d'excuser ces vilaines inclinations par la
foiblesse de l'aage et legiereté du subject : premierement,
c'est nature qui parle, de qui la voix est lors plus pure
et plus naïfve, qu'elle est plus graile et plus neufve : secondement, la laideur de la piperie ne despend pas de la
difference des escus aux espingles ; elle despend de soy.
Je treuve bien plus juste de conclure ainsi : « Pourquoy ne
tromperoit il aux escus, puisqu'il trompe aux espingles? »

1. Liv. I, ch. xxii, *De la Coustume*

que comme ils font : « Ce n'est qu'aux espingles ; il n'auroit garde de le faire aux escus. » Il fault apprendre soigneusement aux enfants de haïr les vices de leur propre contexture, et leur en fault apprendre la naturelle difformité, à ce qu'ils les fuyent non en leur action seulement, mais sur tout en leur cœur ; que la pensee mesme leur en soit odieuse, quelque masque qu'ils portent.

VIII

PRÉJUGÉS DE MONTAIGNE A L'ENDROIT DES ENFANTS [1].

J'ay, de ma part, le goust estrangement mousse à ces propensions qui sont produictes en nous sans l'ordonnance et entremise de nostre jugement, comme, sur ce subject duquel je parle, je ne puis recevoir cette passion de quoy on embrasse les enfants à peine encore nays, n'ayants ny mouvement en l'ame, ny forme recognoissable au corps, par où ils se puissent rendre aimables, et ne les ay pas souffert volontiers nourrir prez de moy. Une vraye affection et bien reglee debvroit naistre et s'augmenter avecques la cognoissance qu'ils nous donnent d'eulx : et lors, s'ils le valent, la propension naturelle marchant quand et quand la raison, les cherir d'une amitié vrayement paternelle; et en juger de me-me, s'ils sont aultres : nous rendants tousjours à la raison, nonobstant la force naturelle.

Il en va fort souvent au rebours; et, le plus communement, nous nous sentons plus esmeus des trepignements, jeux et niaiseries pueriles de nos enfants, que nous ne faisons aprez de leurs actions toutes formees; comme si nous les avions aimez pour nostre passetemps, ainsi que des guenons, non ainsi que des hommes; et tel fournit bien liberalement des jouets à leur enfance, qui se treuve

---

1. Liv. II, ch viii, *De l'Affection des peres aux enfants.*

resserré à la moindre despense qu'il leur fault estants 'n
aage. Voire il semble que la jalousie que nous avons
de les veoir paroistre et jouïr du monde, quand nous
sommes à mesme de le quitter, nous rende plus espar-
gnants et retrains[1] envers eulx ; il nous fasche qu'ils nous
marchent sur les talons, comme pour nous soliciter de
sortir ; et, si nous avions à craindre cela, puisque l'ordre
des choses porte qu'ils ne peuvent, à dire verité, estre
ny vivre qu'aux despens de nostre estre et de nostre vie,
nous ne debvions pas nous mesler d'estre peres.

IX

RAPPORTS DES ENFANTS AVEC LEURS PARENTS. — CONVENANCE DU TUTOIEMENT ET D'UNE DOUCE FAMILIARITÉ [2].

Je veulx mal à cette coustume, d'interdire aux enfants l'appellation paternelle, et leur en enjoindre une
estrangiere, comme plus reverentiale, nature n'ayant
volontiers pas suffisamment pourveu à nostre auctorité.
Nous appellons Dieu tout puissant, Pere ; et desdaignons
que nos enfants nous en appellent : j'ay reformé cett'
erreur en ma famille. C'est aussi folie et injustice de
priver les enfants, qui sont en aage, de la familiarité des
peres, et vouloir maintenir en leur endroict une morgue
austere et desdaigneuse, esperant par là les tenir en
crainte et obeïssance : car c'est une farce tres inutile,
qui rend les peres ennuyeux aux enfants, et, qui pis est,
ridicules.... Quand je pourrois me faire craindre, j'aymerois encores mieulx me faire aymer : il y a tant de sortes
de defaults en la vieillesse, tant d'impuissance, elle est si
propre au mépris, que le meilleur acquest qu'elle puisse

---

1. *Retrains*, « serrés, avares ».
2. Liv. II, ch. VIII.

faire, c'est l'affection et amour des siens ; le commandement et la crainte, ce ne sont plus ses armes....

Feu monsieur le mareschal de Montluc, ayant perdu son fils, qui mourut en l'isle de Maderes, brave gentilhomme, à la verité, et de grande esperance, me faisoit fort valoir, entre ses aultres regrets, le desplaisir et crevecœur qu'il sentoit, de ne s'estre jamais communiqué à luy; et, sur cette humeur d'une gravité et grimace paternelle, avoir perdu la commodité de gouster et bien cognoistre son fils, et aussi de luy declarer l'extreme amitié qu'il luy portoit, et le digne jugement qu'il faisoit de sa vertu. « Et ce pauvre garson, disoit il, n'a rien veu de moy qu'une contenance renfrorgnee et pleine de mespris; et a emporté cette creance, que je n'ay sceu ny l'aymer ny l'estimer selon son merite. A qui gardois je à descouvrir ceste singuliere affection, que je luy portois dans mon ame? estoit ce pas luy qui en debvoit avoir tout le plaisir et toute l'obligation? Je me suis contrainct et gehenné pour maintenir ce vain masque; et y ay perdu le plaisir de sa conversation, et sa volonté quand et quand, qu'il ne me peult avoir portee aultre que bien froide, n'ayant jamais receu de moy que rudesse, ny senty qu'une façon tyrannique. »

X

DOUCEUR DANS LA DISCIPLINE[1].

J'accuse toute violence en l'education d'une ame tendre, qu'on dresse pour l'honneur et la liberté. Il y a je ne sçais quoy de servile en la rigueur et en la contraincte; et tiens que ce qui ne se peult faire par la raison, et par prudence et addresse, ne se faict jamais par la force. On m'a ainsin eslevé: ils disent qu'en tout mon premier aage,

1. Liv. II, ch viii

je n'ai tasté des verges qu'à deux coups, et bien mollement. J'ay deu la pareille aux enfants que j'ay eu : ils me
meurent touts en nourrice; mais Leonor, une seule fille
qui est eschappee à cette infortune, a attainct six ans et
plus, sans qu'on ayt employé à sa conduicte, et pour le
chastiement de ses faultes pueriles (l'indulgence de sa
mere s'y appliquant ayseement), aultre chose que paroles,
et bien doulces : et quand mon desir y seroit frustré, il
est assez d'aultres causes ausquelles nous prendre, sans
entrer en reproche avecques ma discipline, que je sçais
estre juste et naturelle. J'eusse esté beaucoup plus religieux encores en cela envers des masles, moins nays à
servir, et de condition plus libre : j'eusse aymé à leur
grossir le cœur d'ingenuité et de franchise. Je n'ay veu
aultre effect aux verges, sinon de rendre les ames plus
lasches, ou plus malicieusement opiniastres.

XI

ÉDUCATION PERSONNELLE DE MONTAIGNE; ÉDUCATION SIMPLE ET POPULAIRE [1].

Le bon pere que Dieu me donna, qui n'a de moy que la
recognoissance de sa bonté, mais certes bien gaillarde,
m'envoya, dez le berceau, nourrir à un pauvre village
des siens, et m'y teint autant que je feus en nourrice,
et encores au delà : me dressant à la plus basse et commune façon de vivre…. Ne prenez jamais, et donnez encore moins à vos femmes la charge de la nourriture des
enfants: laissez les former à la fortune, soubs des loix
populaires et naturelles; laissez à la coustume, de les
dresser à la frugalité et à l'austerité : qu'ils ayent plustost
à descendre de l'aspreté, qu'à monter vers elle. Son

______
1. Liv. III, ch. xiii, *De l'Expérience.*

humeur visoit encores à une aultre fin : de me r'allier avecques le peuple et celte condition d'hommes qui a besoing de nostre ayde; et estimoit que je feusse tenu de regarder plustost vers celuy qui me tend les bras, que vers celuy qui me tourne le dos : et feut cette raison, pour quoy aussi il me donna à tenir, sur les fonts, à des personnes de la plus abjecte fortune, pour m'y obliger et attacher. Son desseing n'a pas du tout mal succedé[1] : je m'addonne volontiers aux petits[2].

XII

BIENFAITS DE LA LECTURE [3].

... Le commerce des livres a pour sa part d'avantages la constance et facilité de son service. Cettuy cy costoye tout mon cours, et m'assiste par tout; il me console en la vieillesse et en la solitude; il me descharge du poids d'une oysifveté ennuyeuse, et me desfaict à toute heure des compaignies qui me faschent; il esmousse les poinctures de la douleur, si elle n'est du tout extreme et maistresse. Pour me distraire d'une imagination importune, il n'est que de recourir aux livres; ils me destournent facilement à eulx, et me la desrobbent : et si ne se mutinent point, pour veoir que je ne les recherche qu'au default de ces aultres commoditez, plus reelles, vifves et naturelles; ils me receoivent tousjours de mesme vi-

---

1. *Succedé*, « réussi ».

2. On ne saurait trop louer l'humeur démocratique du père de Montaigne. Quoique gentilhomme, il faisait élever son fils à la paysanne, afin qu'il apprît de bonne heure à aimer le peuple. Montaigne se ressentit toute sa vie de cette éducation. Les préjugés habituels de la naissance et de la fortune lui furent toujours étrangers, et il parlait sans complaisance de la noblesse française, à laquelle il reprochait son ignorance et son oisiveté.

3. Liv. III, ch. III, *Des trois Commerces*.

sage.... Le malade n'est pas à plaindre, qui a la guarison
en sa manche. En l'experience et usage de cette sentence,
qui est tres veritable, consiste tout le fruict que je tire
des livres : je ne m'en sers en effect, quasi non plus que
ceulx qui ne les cognoissent point; j'en jouïs, comme les
avaricieux des tresors, pour sçavoir que j'en jouïray quand
il me plaira : mon ame se rassasie et contente de ce droict
de possession. Je ne voyage sans livres, ny en paix, ny
en guerre : toutesfois il se passera plusieurs jours, et
des mois, sans que je les employe; ce sera tantost, dis
je, ou demain, ou quand il me plaira : le temps court et
s'en va ce pendant, sans me blecer; car il ne se peult
dire combien je me repose et sejourne en cette consideration, qu'ils sont à mon costé pour me donner du plaisir
à mon heure; et à recognoistre combien ils portent de
secours à ma **vie.** C'est la meilleure munition que j'aye
trouvee à cet humain voyage; et plainds extremement
les hommes d'entendement qui l'ont à dire. J'accepte
plustost toute aultre sorte d'amusement, pour legier qu'il
soit, d'autant que celluy cy ne me peult faillir.

XIII

LA MÉDITATION [1].

Le mediter est un puissant estude et plein, à qui sçait
se taster et employer vigoreusement ; j'ayme mieulx for-
ger mon ame, que la meubler. Il n'est point d'occupation
ny plus foible, ny plus forte, que celle d'entretenir ses
pensees, selon l'ame que c'est : les plus grandes en font
leur vacation, *quibus vivere est cogitare*[2] : aussi l'a nature
favorisee de ce privilege, qu'il n'y a rien que nous puis-

----

1. Liv. III, ch. III.
2. « Pour lesquelles vivre c'est penser. » (Cicéron, *Tusculanes*,
V, 38.)

sions faire si long temps, ny action à laquelle nous nous adonnions plus ordinairement et facilement. C'est la besongne des dieux, dict Aristote, de laquelle naist et leur beatitude et la nostre. La lecture me sert specialement à esveiller par divers objects mon discours; à embesongner mon jugement, non ma memoire.

XIV

UTILITÉ DES DISCUSSIONS [1].

Le plus fructueux et naturel exercice de nostre esprit, c'est, à mon gré, la conference[2] : j'en treuve l'usage plus doulx que d'aulcune aultre action de nostre vie; et c'est la raison pourquoy, si j'estois asture[3] forcé de choisir, je consentirois plustost, ce crois je, de perdre la veue, que l'ouïr ou le parler. Les Atheniens, et encores les Romains, conservoient en grand honneur cet exercice en leurs academies : de nostre temps, les Italiens en retiennent quelques vestiges, à leur grand proufit, comme il se veoid par la comparaison de nos entendements aux leurs. L'estude des livres, c'est un mouvement languissant et foible qui n'eschauffe point : là où la conference apprend, et exerce, en un coup. Si je confere avecques une ame forte et un roide jousteur, il me presse les flancs, me picque à gauche et à dextre; ses imaginations eslancent les miennes : la jalousie, la gloire, la contention, me poulsent et rehaulsent au-dessus de moy mesme; et l'unisson est qualité du tout ennuyeuse en la conference. Mais comme nostre esprit se fortifie par la communication des esprits vigoreux et reglez, il ne se peult dire

---

1. Liv.   ch. VIII, *De l'Art de conferer.*
2. *Conference,* c'est-à-dire « discussion, controverse ».
3. *Asture,* adverbe signifiant « maintenant », et dérivé de « à cette heure ».

combien il perd et s'abastardit par le continuel commerce et frequentation que nous avons avecques les esprits bas et maladifs : il n'est contagion qui s'espande comme celle là ; je sçais par assez d'experience combien en vault l'aulne. J'ayme à contester et à discourir ; mais c'est avecques peu d'hommes, et pour moy : car de servir de spectacle aux grands, et faire à l'envy parade de son esprit et de son caquet, je treuve que c'est un mestier tres messeant à un homme d'honneur.

XV

L'ÉDUCATION DES FEMMES. — LES FEMMES SAVANTES [1].

... Et nous et la theologie ne requerons pas beaucoup de science aux femmes. François, duc de Bretaigne, fils de Jean V, comme on luy parla de son mariage avec Isabeau, fille d'Escosse, et qu'on luy adjousta qu'elle avoit esté nourrie simplement et sans aulcune instruction de lettres, respondit « qu'il l'en aymoit mieulx ; et qu'une femme estoit assez sçavante quand elle sçavoit mettre diference entre la chemise et le pourpoinct de son mary [2] »....

... Les sçavants ont en ce temps entonné si fort les cabinets et aureilles des dames, que si elles n'en ont retenu

---

1. Liv. 1, ch. xxiv ; liv. III, ch. iii.
2. On reconnaît ici l'origine des vers célèbres de Molière (*Femmes savantes*, acte II, sc. vii) :

> Nos pères, sur ce point, étaient gens bien sensés,
> Qui disaient qu'une femme en sait toujours assez,
> Quand la capacité de son esprit se hausse
> A connaître un pourpoint d'avec un haut-de-chausse.

Montaigne a souvent parlé des femmes, mais il tenait leur esprit en médiocre estime. Il allait jusqu'à croire qu'elles étaient incapables d'amitié : « La perfection de la tres saincte amitié, dit-il à propos de Mlle de Gournay, sa fille d'adoption, où nous ne lisons point que son sexe ayt peu monter encores »... (Liv. II, ch. xvii.)

la substance, au moins elles en ont la mine : à toute sorte
de propos et matiere, pour basse et populaire qu'elle
soit, elles se servent d'une façon de parler et d'escrire,
nouvelle et sçavante; et alleguent Platon et saint Thomas,
aux choses ausquelles le premier rencontré serviroit
aussi bien de tesmoing : la doctrine qui ne leur a peu
arriver en l'ame, leur est demeuree en la langue. Si les
bien nees me croient, elle se contenteront de faire valoir
leurs propres et naturelles richesses[1] : elles cachent et
couvrent leurs beautez soubs des beautez estrangieres....
Que leur fault il, que vivre aimees et honnorees? elles
n'ont, et ne sçavent, que trop pour cela : il ne fault
qu'esveiller un peu et reschauffer les facultez qui sont en
elles. Quand je les veois attachees à la rhetorique, à la
judiciaire, à la logique, et semblables drogueries si
vaines, et inutiles à leur besoing, j'entre en crainte que
les hommes qui le leur conseillent, le facent pour avoir
loy de les regarder soubs ce tiltre : car quelle aultre
excuse leur trouverois je? Outre, qu'elles peuvent, sans
nous, renger la grace de leurs yeulx à la gayeté, à la
severité et à la doulceur, assaisonner un nenny de rudesse,
de doubte et de faveur : ... avecques cette science, elles
commandent à baguette et regentent les regents et
l'eschole. Si toutesfois il leur fasche de nous ceder en quoy
que ce soit, et veulent par curiosité avoir part aux livres,
la poësie est un amusement propre à leur besoing :
c'est un art folastre et subtil, desguisé, parlier, tout en
plaisir, tout en montre, comme elles[2]. Elles tireront

1. Montaigne obéit ici au préjugé trop longtemps accrédité qui
interdisait à la femme le travail et l'étude, sous prétexte que la
science nuit à la grâce naturelle de son esprit. Il a cependant raison
de railler la pédanterie, la préciosité, la fausse science, très à la
mode au seizième siècle, comme en tout temps.

2. On voit que c'est comme par grâce, et sous forme de conces-
sion, que Montaigne accorde aux femmes quelque part à l'instruction. Il est d'autant plus étonnant de voir Montaigne ne pas com-

aussi diverses commoditez de l'histoire. En la philosophie,
de la part qui sert à la vie, elles prendront les discours
qui les dressent à juger de nos humeurs et conditions, à
se deffendre de nos trahisons, à regler la temerité de
leurs propres desirs, à mesnager leur liberté, allonger
les plaisirs de la vie, et à porter humainement l'inconstance d'un serviteur, la rudesse d'un mary, et l'importunité des ans et des rides, et choses semblables. Voylà,
pour le plus, la part que je leur assignerois aux sciences.

prendre la nécessité d'une instruction sérieuse, qu'il reconnaissait
lui-même tous les défauts d'une éducation frivole. « Nous dressons
nos filles, dit-il, dez l'enfance, aux entremises de l'amour; leur grace,
leur attifeure, leur science, leur parole, toute leur instruction ne
regarde qu'à ce but. » (III, 5.)

PENSÉES DIVERSES

—

— Ce n'est pas assez que nostre institution ne nous gaste pas : il fault qu'elle nous change en mieulx. (Livre I, ch. **xxv.**)

— Les jeux des enfants ne sont pas jeux, et les fault juger en eulx comme leurs plus serieuses actions. (I, **xxii.**)

— Il n'est point ame si chetive et brutale, en laquelle on ne veoye reluire quelque faculté particuliere : il n'y en a point de si ensepvelie, qui ne face une saillie par quelque bout; et comment il advienne qu'une ame, aveugle et endormie à toutes aultres choses, se trouve vifve, claire et excellente à certain particulier effect, il s'en fault enquerir aux maistres. Mais les belles ames, ce sont les ames universelles, ouvertes et prestes à tout : sinon instruictes, au moins instruisables. (II, **xvii.**)

— C'est un utile et merveilleux service que la memoire et sans lequel le jugement faict bien à peine son office. (*Ibid.*)

— Les inclinaisons naturelles s'aydent et se fortifien

par institution; mais elles ne se changent et surmontent guères; mille natures, de mon temps, ont eschappe vers la vertu ou vers le vice, au travers d'une discipline contraire; on n'extirpe pas ces qualitez originelles, on les couvre, on les cache. (III, 11.)

— Comme les plantes s'estouffent de trop d'humeur et les lampes de trop d'huile, aussi faict l'action de l'esprit par trop d'estude et de matiere. (I, xxiv.)

— Les livres m'ont servi, non tant d'instruction, que d'exercitation. (III, 111.)

— S'il faut estudier, estudions une estude sortable à nostre conduite. (II, xxix.)

— Les pedants, le plus souvent, ont la souvenance assez pleine, mais le jugement entierement creux. (I, xxiv.)

— Les plus belles ames sont celles qui ont plus de varieté et de souplesse. (III, 111.)

— La pluspart des esprits ont besoing de matiere estrangiere pour se desgourdir et exercer. (*Ibid.*)

— Qui a pris de l'entendement en la logique? Où sont ses belles promesses? Veoid on plus de barbouillage au cacquet des harangieres qu'aux disputes publicques des hommes de cette profession? (III, viii.)

— La doctrine, si elle rencontre des ames mousses[1], elle les aggrave et suffoque, masse dure et indigeste; si deslices, elle les purifie volontiers, clarifie, et subtilise jusqu'à l'examination. (*Ibid.*)

1. *Mousses,* « émoussées ».

— Nostre institution a eu pour sa fin de nous faire, non bons et sages, mais sçavants, elle y est arrivee : elle ne nous a pas apprins de suyvre et embrasser la vertu et la prudence ; mais elle nous en a imprimé la dérivation et l'étymologie : nous sçavons declir r vertu, si nous ne sçavons l'aimer ; si nous ne sçavons ce que c'est que pru· dence par effet et par expérience, nous le sçavons par jargon et par cœur. (II, xvii.)

— Une bonne institution, elle change le jugement et les mœurs ; comme il adveint à Polémon, ce jeune homme grec desbauché qui, estant allé ouïr par rencontre une leçon de Xenocrates, ne remarqua pas seulement l'elo- quence et la suffisance de l'orateur et n'en rapporta pas seulement en la maison la science de quelque belle ma- tiere, mais un fruict plus apparent et plus solide, qui feut le soubdain changement et amendement de sa premiere vie. (*Ibid.*)

TABLE DES MATIÈRES

EXTRAITS PÉDAGOGIQUES

DE DIVERS CHAPITRES DE MONTAIGNE

Paris. — Imprimerie LAHURE, 9, rue de Fleurus.

Librairie **HACHETTE & C⁰ᵉ**, 79, boul. St-Germain, à Paris.

G. LANSON
Professeur à la Faculté des lettres de Paris,

Histoire
de la
Littérature française

depuis les origines jusqu'à nos jours

8ᵉ ÉDITION, REVUE ET CORRIGÉE

1 volume in-16, broché. . . **4 fr.** Cartonnage toile. . . . . **4 fr. 50**

G. Paris, *Romania*, juillet 1895.

Dans ce très remarquable ouvrage, qui conduit l'histoire de notre littérature de ses premières origines jusqu'aux œuvres les plus récentes, le moyen âge occupe une place justement proportionnée (216 pages). Cette place est extrêmement bien remplie. On sent que l'auteur, fidèle aux principes qu'il proclame dans sa Préface, tout en se servant judicieusement des travaux antérieurs, a lu par lui-même au moins tout ce qu'il y a d'essentiel et de caractéristique, et a toujours jugé par lui-même. Il est en général parfaitement informé.... Les jugements sont très personnels, souvent extrêmement originaux, parfois d'une profondeur ou d'une justesse frappante, quelquefois, comme il est naturel, contestables ou empreints de partialité; ils méritent tous d'être pris en sérieuse considération. Une idée générale pénètre et vivifie le livre ; celle de la continuité de l'esprit français à travers les âges. Écrite pour les étudiants, mais nullement restreinte à leurs besoins et fort élevée surtout au-dessus des *postulata* d'un examen, la nouvelle histoire de la littérature française, par la solidité du savoir, la composition habile et claire, la valeur des idées et la qualité de l'exposition, dépasse de beaucoup tout ce qui l'a précédé dans le même genre. On peut, au nom de la science, lui reprocher un point de vue peut-être trop exclusivement « littéraire », mais c'est après tout un des points de vue auxquels on peut légitimement envisager l'histoire d'une littérature, et d'ailleurs M. L. ne s'interdit pas de rattacher, par plus d'une intelligente explication, l'histoire de la littérature à celle des idées, des croyances et des mœurs. Une bibliographie, qui pourrait naturellement être rectifiée et surtout complétée, rendra aux étudiants de réels services, et le livre se termine par un tableau chronologique conçu d'une façon originale, qui présente sur plusieurs colonnes les dates de notre his-toire littéraire depuis la *Vie de saint Léger* jusqu'à M. de Curel.

Francisque Sarcey, *le Temps,* 8 octobre 1894.

Il vient de paraître un gros volume de M. Gustave Lanson, pro-fesseur de rhétorique au lycée Louis-le-Grand, qui a pour titre : *Histoire de la Littérature française.* Je n'ai lu que la partie afférente au théâtre et à la critique. C'est un ouvrage très bien fait et très commode ; car l'auteur, outre qu'il pense par lui-même, est au courant de tout ce que l'exégèse et la philosophie ont apporté de documents et d'idées sur la matière....

Henri de Curzon, *Revue critique.*

Nous ne saurions trop recommander le précis de M. Gustave Lanson à tous ceux, étudiants ou lettrés, qui tiennent à posséder, à s'assimiler des notions claires, nettes, bien conçues et suffisam-ment complètes sur l'histoire de notre littérature. Ils trouveront dans ce gros volume un texte serré, mais commodément distribué, nourri de faits et de choses, sans rien pourtant qui sente la com-pilation ; ils trouveront un véritable fonds de doctrine, bien au cou-rant, juste dans ses jugements, dans ses classifications, personnel et parfois neuf dans ses idées, muni enfin de tout ce qui constitue une base solide et féconde d'études. On peut dire qu'un pareil manuel, à la fois précis classique et livre de fonds et de lecture, mais ceci plutôt encore, car il est littéraire et d'un style alerte et élégant, était tout à fait nécessaire et vient à son heure. Il remplace très avantageusement tout ce qu'on avait fait précédemment dans le même genre, et, quelques petites critiques que nous croyions devoir faire à l'auteur tout à l'heure, on peut dire que son travail est, dans ces proportions, non pas définitif, mais excellent....

Revue de Paris, 15 janvier 1895.

Quelques bonnes éditions des classiques, de beaux travaux sur le théâtre du XVIIIe siècle, sur Boileau, un plaidoyer pour Bossuet, qui fit du bruit, ont consacré l'autorité de M. Gustave Lanson en matière de critique littéraire. L'*Histoire de la littérature française* qu'il nous offre aujourd'hui est à la fois un cours et un exemple de critique, directe, claire, très personnelle et très impartiale. On y apprendra à lire et à tirer parti de ses lectures, à faire le tour des idées, à en subir ou même éveiller le charme; on y apprendra des noms aussi, et des dates, et beaucoup de choses utiles qu'on ne sait pas assez : car cette histoire, attrayante et vivante, est encore et surtout l'œuvre d'un érudit

Albert Cahen, *Revue pédagogique*, décembre 1894.

Ce livre n'a rien du tout du *manuel* ou du *traité*. C'est l'œuvre d'un écrivain, qui révèle l'originalité de son esprit par l'allure toute personnelle de son style; et tandis que les uns iront d'abord chercher, comme il est juste, dans cette *Histoire de la Littérature française*, l'enseignement d'un maître érudit et profond, les autres seront tout étonnés d'y trouver, sous l'auteur, un homme qui les *amuse*, parce qu'il *s'amuse* lui-même, et qui, du même coup, les force à penser.

Émile Trolliet, *Moniteur universel*, 9 novembre 1894.

L'ouvrage de M. Lanson s'adresse tout ensemble et à ceux qui veulent savoir et à ceux qui savent. Il sera lu avec fruit et par ceux qui travaillent en vue d'un examen et surtout par ceux qui n'en préparent pas ou n'en préparent plus. Il mérite d'être étudié par tous les candidats, et d'être goûté par ceux qui, n'étant plus des candidats, restent des lettrés et veulent devenir des humanistes....
... M. Lanson fait de la critique, non en savant ou en péda-

gogue, mais en psychologue et en moraliste. Rejetant au bas des pages tout ce qui est encombrement professoral et scolaire, biographies, éditions, ouvrages à consulter, cela, du reste, très concis et très précis, il ne laisse dans sa rédaction que ce qui est vraiment littéraire : impressions vives et spontanées, intuitions personnelles et pénétrantes, analyses vigoureuses et hardies, portraits vivants, brillants, surtout ressemblants....

... Dans cette immense galerie littéraire qui part du seuil du x⁰ siècle pour aboutir au seuil du xxᵉ, il a marqué de traits exacts les figures et de traits caractériques les âmes, il a expliqué les œuvres, non seulement par le milieu, l'époque, la race, mais surtout par les dedans, les dessous, le tréfonds des intelligences ou des cœurs, en un mot il a essayé d'atteindre la vraie personnalité de tous ces prosateurs ou poètes qui ont fait honneur à l'esprit français et à l'esprit humain.

OUVRAGES DU MÊME AUTEUR

Principes de composition et de style : Conseils aux jeunes filles sur l'art d'écrire. 3ᵉ édit. Un vol. in-16, cart. toile. . . . . . 2 fr. 50

Conseils sur l'art d'écrire. Principes de composition et de style à l'usage des élèves des lycées et collèges et des candidats au baccalauréat. 5ᵉ édit. Un vol. in-16, cart. toile. . . . . 2 fr. 50

Études pratiques de composition française, sujets préparés et commentés pour servir de complément aux *Principes de composition et de style* et aux *Conseils sur l'art d'écrire.* 4ᵉ édit. Un vol. in-16, cartonnage toile . . . . 2 fr.

Choix de lettres du XVIIᵉ siècle, publié avec une introduction, des notices et des notes. 5ᵉ édit. Un vol. petit in-16, cart. . 2 fr. 50

Choix de lettres du XVIIIᵉ siècle, publié avec une introduction, des notices et des notes. 4ᵉ édit. Un vol. petit in-16 cart. . 2 fr. 50

Racine : *Théâtre choisi,* contenant *Andromaque, les Plaideurs, Britannicus, Bérénice, Bajazet, Mithridate, Iphigénie, Phèdre, Esther* et *Athalie,* publié avec une introduction, une notice et des notes. Un vol. petit in-16, cart. . . . . 3 fr.

Boileau (collection des *Grands Écrivains français*). Un volume in-16, broché. . . . . 2 fr.

Corneille (collection des *Grands Écrivains français*). Un volume in-16, broché. . . . . 2 fr.

Nivelle de la Chaussée et la comédie larmoyante, 1 volume in-8, broché. . . . . 6 fr. »

51565. — Imprimerie LAHURE, rue de Fleurus, 9, à Paris. 3-1905.

www.ingramcontent.com/pod-product-compliance
Ingram Content Group UK Ltd.
Pitfield, Milton Keynes, MK11 3LW, UK
UKHW021230140726
13695UKWH00002B/867